JN023415

税務署を納得させる
エビデンス

―決定的証拠の集め方―

2 法人編

_{税理士}伊藤俊一 _著

ぎょうせい

はじめに

　いま、税務調査は大きな曲がり角にある。

　コロナ禍という未曽有の事態にある中で、税務署はより一層の事務の効率化を図ることはもとより、この非常事態に対応するため、実地による調査よりも、文書による照会やオンライン等による簡易な調査を増やす傾向にある。その際に強力な物証となるのが、客観的な記録として残されている各種資料、すなわちエビデンスである。本書でいう「エビデンス」とは、物証・形跡等に加え「決定的証拠」という意味合いで用いることをご了承願いたい。

　このようなエビデンスを納税者がどのように収集して整理し、税務署にどう呈示すれば、納得させることができるのか、つまり是認を勝ちとることができるのか。本書はこの点について、調査で指摘されやすい主要項目ごとにＱ＆Ａにより解説するものである。

　この際に重要な論拠となるのが、裁決例や判例などの実例と国税内部の情報である。これらの資料を精読することで、税務当局がどのような観点から調査を進めているのか、そしてそれらに対して税理士を含めた納税者側はどのように対応していくべきなのかが自ずと浮彫りにされてくる。その時、口頭による説明はもちろん必要ではあるが、何よりも雄弁に物語るのがエビデンスである。このため、本書では特に重要と思われる書式や雛形についても、紙幅の許すかぎり掲載しているので、ぜひ参考とされたい。

なお、本書は、以下の３巻から成るシリーズの第２巻の法人編である。対象は、法人税全般に及んでいる。ぜひ本書と合わせて、個人編と相続編も参照することで、あらゆる税務調査に対応できるエビデンスのノウハウを会得されたい。

『税務署を納得させるエビデンス　―決定的証拠の集め方―　1　個人編』
『税務署を納得させるエビデンス　―決定的証拠の集め方―　2　法人編』
『税務署を納得させるエビデンス　―決定的証拠の集め方―　3　相続編』

　本書は、エビデンスという観点から税務調査や税務申告を捉えなおすものであり、これまでにない書籍であると自負している。本書が、税務署から是認を勝ちとるための証拠力を上げることに裨益するならば幸いである。

　　令和４年11月

伊藤　俊一

第Ⅰ章

税務調査に対応するための
エビデンスとは

Ⅰ－1　エビデンスの意義

Q 税務調査に対応するためのエビデンスの意義についてその概略を教えてください。

A エビデンスとは、一般的に証拠・物証・形跡等を含めた意味合いとして用いられ、本書における税務上のエビデンスも基本的にはこれと同じ意味で用いることとします。具体的には税務調査等を受けたときに納税者が調査官に提示してその主張を根拠付ける資料のことをいいます。社会通念（＝常識）に従い、広範に捉えます。

なお、本書の全体を通してですが、「質問応答記録書」については本書の趣旨と離れるため触れません。

また、当局との見解の相違が事実認定レベルと法解釈レベルのどちらかという点については、調査の初動時に確認すべき点ですが、本書の趣旨から法解釈レベルに係る論点は極力触れないことをあらかじめお断りしておきます。

【解　説】

　税務調査等に対応するためのエビデンスとは、外部によって作成された外部証拠資料と、本人が作成に関わった（法人の場合、当該法人が主に作成に関わった）内部証拠資料とに大別されます。そして、証拠資料は、一般的に内部証拠資料より外部証拠資料のほうが疎明力が高い、証拠能力が強いといわれます。

　内部証拠資料は証明力に関して納税者自身により作成されるという点で弱いといえますが、当該証拠は、納税者自身の「判断」を主張する手段として活用することができます。そのため、税務調査等における納税者の説明の方法いかんによっては、外部証拠資料より主張力の点では高い場合も十分にあり得ます。すなわち、証拠力としては外部証拠資料のほうが高いことは確かですが、当事者の主張は内部証拠資料のほうで意

思表明をすることができるということです。

　税務調査等において、エビデンスは事実関係を明らかにする手段のひとつです。事実関係に係る説明の点で、納税者側においても当局においても活用されることになり得ます。納税者が現場の調査に対応する際のエビデンス作成、整理、主張に係る最大のポイントは、当局担当者に対し、「この現場で処分をしたところで、国税不服審判所や裁判所などの係争機関に出れば勝てない可能性が高い」と思わざるを得ないような説得力が十分にある資料を常日頃から用意しておくことです。

　税務調査等の連絡が来てから準備をしても手遅れです。多くの資料はいわゆるバックデイトで作成することは困難であり、また、事実関係や時系列がずれてしまうことが往々にしてあるからです。そこで日頃からエビデンスを整理しておく必要性は極めて高いことになります。

　このように国税不服審判所や裁判所で仮に係争になったとした場合の事実認定に係るレベルと同等のレベルの事実関係の主張・整理が極めて重要となります。そのため、本書では過去の裁決、裁判例や国税情報における「当局の証拠の使い方」を適宜参照しています。何がエビデンスとしての決定打となったかを検証することは実務において必要不可欠です。

　証拠の有無、証明力、自己の主張について、どこまでエビデンスの裏付けをもって立証できるか、上記の資料をも順次検証し、それを用意しておけば、すなわち、これらを実務でそのまま活かせば、当局の調査に十分対応できます。

　一方で、納税者が結果として勝利したとはいえ、それは周辺の関係事実に関しての主張の積み重ねが認められた結果論にすぎないという、厳しい評価もできる裁決・裁判例も少なからずあります。しかし、原則として、証拠がなくても周辺事実の積み重ねを丁寧に説明、主張することで納税者の考え方、主張がいつでも認められるとは限りません。不遜な言い方かもしれませんが、それは少々考えが甘いと言わざるを得ません。エビデンスの事前準備こそが納税者の主張を強める大きな手段のひとつと断言できます。

Ⅰ－2　エビデンスの活用にあたっての基本事項

> **Q** エビデンスの活用にあたって基本事項を教えてください[1]。

> **A** 本書の性格から最小限の解説にとどめますが、直接証拠と間接証拠、弁論の全趣旨と事実認定などについては最低限押さえておく必要があります。

【解　説】

（1）直接証拠と間接証拠

イ　直接証拠

　直接証拠とは、法律効果の発生に直接必要な事実（主要事実、要件事実、直接事実）の存否を直接証明する証拠をいいます。

　例えば、弁済の事実を証明するための受領書や契約締結の事実を証明するための契約書等をいいます。

　課税要件事実を証明できる証拠という観点からすれば、直接証拠とは課税要件事実を推認することなどを要せず直接に証明できる証拠を指します。

ロ　間接証拠

　間接事実（主要事実の存否を経験則上推認させる事実）又は補助事実（証拠の信用性に影響を与える事実）の存否に関する証拠です。間接的に主要事実の証明に役立つ証拠をいいます。

　例えば、貸金返還請求訴訟において、金銭消費貸借契約が締結された事実（主要事実）そのものの事実を借主が否認した場合、当時借主

---

1 情報　調査に生かす判決情報第89号　令和元年7月　証拠収集の重要性～隠蔽又は仮装の認識を推認するための立証～東京地裁平成25年4月18日判決（国側勝訴・確定）　東京国税局課税第一部国税訟務官室、を参照しています。

が金に困っていた事実や借主には他の借金があり当時その借金の弁済をしていた事実は間接事実であり、これらの事実を証明するための証人は間接証拠に当たります。また、証人の証言内容の信頼性を明らかにする補助事実として、証人の記憶力・認識力を明らかにする鑑定なども間接証拠です。

なお、当局調査においては代表者の聴取内容を記録した聴取書等々はその内容いかんによって上記のいずれかに分類されます。

課税要件事実を証明できる証拠という観点からすれば、間接証拠とは、課税要件事実を直接証明できないが、間接的に課税要件事実の証明に役立つ証拠を指します。

（2）弁論の全趣旨と事実認定

イ　弁論の全趣旨

民事訴訟において、証拠調べの結果以外の口頭弁論に現れた一切の資料・状況をいい、当事者・代理人の弁論（陳述）の内容・態度・時期、釈明処分の結果などが含まれます。

ロ　事実認定

事実認定は、自由心証主義（民事訴訟法247条）の下で、弁論の全趣旨と証拠調べの結果を斟酌して、経験則（経験から帰納的に得られた事物に関する知識や法則であり、一般常識的な経験則から専門科学的知識としての経験則まで、多岐にわたります。）を適用して判断されるものです[2]。

（3）主要事実の認定における直接証拠と間接証拠の位置付け

訴訟において主要事実（法律効果の発生に直接必要な事実）の認定は、直接証拠のみでされることは少なく、一般的に、間接証拠との総合によってされる場合が多いといえます。

[2]『新民事訴訟法（第5版）』新堂幸司（弘文堂）、『新民事訴訟法講義（第3版）』中野貞一郎ほか（有斐閣）、『ステップアップ民事事実認定』土屋文昭ほか（有斐閣）、『附帯税の事例研究（第4版）』品川芳宣（財経詳報社）、『法律学小辞典（第5版）』高橋和之ほか（有斐閣）、『民事訴訟における事実認定』（法曹会）

　間接証拠によって事実を認定する場合は、間接証拠から間接事実を認定した上で、その間接事実に経験則を当てはめて「推認」していく過程が不可欠であるのに対し、直接証拠によって認定する場合は、そのような過程は必要ありません。

　しかし、だからといって、一般論として、直接証拠による認定のほうが心証の程度が高いということになるわけではありません。

　ちなみに、最高裁昭和43年２月１日第一小法廷判決によると、事実認定に用いられる「推認」の用語法は、裁判所が、証拠によって認定された間接事実を総合し経験則を適用して主要事実を認定した場合に通常用いる表現方法であって、証明度において劣る趣旨を示すものではないものとされます。

（4）税務調査における（係争を意識した）事実認定

　税務調査において、係争を意識した資料を作成することは先述のとおりですが、提出された事実（主要事実、間接事実、補助事実）について、当事者がその存否を争った場合、税務調査では税務調査官とのやりとりにおいて、係争では係争機関が事実を認定する必要があります。

　裁判所の場合、訴訟当事者間において争いのない事実に加え、証拠（裁判所が採用した直接証拠、間接証拠）や弁論の全趣旨によって認定事実を確定し、当該事実に法令を適用して判断をしていきます。

　訴訟当事者にとっては、自らにとって有利な事実認定を正当化するに足りる強力な証拠を探索・収集し、それを証拠として裁判所に提出し、その事実の存在について裁判官を説得することが、訴訟を勝訴に導く上で重要となります。

（5）税務調査において当局が意識している証拠資料の収集・保全を行う際に留意していること

　訴訟当事者は、自己にとって有利な事実の存在について、証拠（直接証拠・間接証拠）をもって裁判官を説得することが、訴訟を勝訴に導く上で重要であることから、税務調査に当たっては、係争を見据えた次の

ような点について留意します。

　また、やみくもに自己に有利な事実（課税要件の充足を肯定する証拠）のみを集めればよいものではなく、自己に不利な事実（課税要件の充足を阻害する証拠）が認められる場合には、当該事実を踏まえてもなお課税を相当とすることができるか否か、慎重に検討を行うことが必要とされています。

Ⅰ-3 当局側のエビデンスの活用手段

> **Q** 税務調査における当局側のエビデンスの活用手段を教えてください。

> **A** TAINSにまとめられている「調査に生かす判決情報」シリーズは税務調査で何を証拠として提示したから当局の主張が認められた、という事案について詳細に解説をしています。これらを参照することで当局の証拠収集のポイントはどこかがわかります。そして先述のように当該資料を納税者側は日頃から用意しておく必要がある、ということになります。

【解　説】

TAINS収録の「その他行政文書　調査に生かす判決情報076」[3]を検証します。

当該資料中には、次のように書かれています。

○　課税要件事実は、間接事実を積み上げることによっても立証できる。

　→　「あるべき事実がない」ということも重要な間接事実

○　課税要件事実の推認は、「有利な間接事実」と「不利な間接事実」の両方を検討する必要がある。

　→　「不利な間接事実」を否定できるだけの間接事実（証拠）が必要

○　間接事実による推認は、常に覆される可能性がある。

　→　間接事実は種類と数が重要

3　情報　調査に生かす判決情報第76号　平成29年5月　～間接事実による課税要件事実の推認～東京地裁平成20年6月12日判決（国側勝訴）（控訴審：東京高裁平成21年1月28日判決（国側勝訴）最高裁平成21年6月16日決定（相手側上告棄却・上告不受理））　東京国税局課税第一部国税訟務官室、から参照・引用しています。

まず、事実認定の基礎知識として、次をご覧ください。

1　裁判官による事実の判断

裁判において、裁判官は、法規上の権利関係の存否を判断するに当たって、この法規上の権利を発生させるのに必要な法律要件に該当する具体的事実（課税要件事実）の存否を判断し、その認定した事実について、適用すべき法規の存在やその内容の解釈をもとに法的判断を行い、結論（判決）を出します。元裁判官によれば、次のような検討を経て事実認定を行っているようです（注1）[4]。

① 事実認定の対象となる事実を確定する（争点の確定）。

② 証拠（注2）から課税要件事実や間接事実（注3）を認定できるかどうかを検討する。

③ 間接事実から課税要件事実を推認（注4）する方法を検討する。

④ 裁判官として課税要件事実が認定できるかどうかを検討する。

2　間接事実による課税要件事実の推認方法

裁判官は、上記1のような検討を経て課税要件事実の存否を判断していますが、いつも課税要件事実を直接に認定できる証拠がある（②→④）とは限らず、間接事実の存否が最重要の争点となることも少なくないようです（注5）。このような場合、裁判官は、②で認定した間接事実に、「人間は、このような場合、通常、このような行動をする（しない）」といった経験則を適用し、課税要件事実を推認することが多いようです（注6・7）。

ただし、経験則は常に例外（推認を妨げる事情）を伴うものであるため、間接事実による推認は、常にその推認が覆される可能性があることを否定できないとされています（注8）。

4　本文中の注釈は下記のとおり。

（注1）　伊藤滋夫『事実認定の基礎〔初版〕』5頁（有斐閣、2004）参照。なお、本情報では、参考文献における「主要事実」及び「要件事実」を「課税要件事実」にすべて置き換えて記載している（以下同じ）。

（注2）　証拠とは、法律を適用すべき事実の有無を証明するための材料をいう（法令用語研究会編『法律用語辞典〔第4版〕』587頁（有斐閣、2012））。

【民事訴訟における事実認定のイメージ図】（注9）

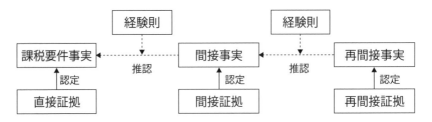

　上記までの基本的理解を述べた上で本件裁判例を検証しています。

　間接事実による課税要件事実の推認は常にその推認が覆される可能性があるとすると、課税要件事実につき、原則として立証責任[5]を負う課税庁（国）としては、どのような点に注意して間接事実を立証すればいいのでしょうか。

　裁判所が、納税者の主張する業務の実体は存在したとはいえないと判断した裁判例（東京地裁平成20年6月12日判決）を見てみましょう。

（注3）　間接事実とは、課税要件事実の存否を立証するために認定される事実をいう（法令用語研究会・前掲注（2）158頁）。また、間接事実の存否を立証するために認定される事実を再間接事実という（司法研修所編「事例で考える民事事実認定」16頁（法曹会、2014）参照）。

（注4）　間接事実から経験則によって事実を認定することをいう（司法研修所編『民事訴訟における事実認定〔第1版〕』33頁（法曹会、2007））。

（注5）　伊藤・前掲注（1）22及び23頁。

（注6）　司法研修所・前掲注（3）12頁。

（注7）　司法研修所・前掲注（4）29頁。

（注8）　伊藤・前掲注（1）79頁。

（注9）　司法研修所・前掲注（3）15頁の図を参考に作成。

5　訴訟において、事実があるかどうか認定できない場合、いずれか一方の当事者が負う不利益又は負担のことをいいます。課税要件事実の立証責任は課税庁にあります。損金や必要経費についても、原則として、課税庁の認定した金額を超える金額を基礎付ける具体的事実が存在しないことの立証責任が課税庁にあるとされます。

　　ただし、例外として、簿外経費のほか、資産の評価損、利息、貸倒損失など、納税者に有利な項目については、過去の裁判例で納税者に立証責任が転換されることがあります。本書では該当箇所について適宜触れていきます。

【取引の概要図】

<事件の概要>

　争点は、S社からP社に対して支払われたソフトウェアの不具合対応業務に係る外注費（8,977万円）が寄附金を仮装したものであるか否かである。

　　（中略）

<裁判所の判断>

⑴　不具合対応業務に係る外注費の額は、不具合対応業務の現実の作業実績に基づいて試算、決定されたのではなく、むしろ、専らP社グループ全体としての利益調整という観点から試算し、決定されたということができる。

⑵　S社にとって、売上げの大半を占める本件得意先は最も重要な取引先であり、巨額の対価をもって契約された本件のシステム開発に関する不具合対応業務は、P社において極めて重大な関心事のはずであって、真にP社の主張するような不具合対応業務が行われていたとすれば、技術担当の取締役から詳細な経過報告がされることはもとより、経営会議の議事録等にも当然に記載されるべき事柄であると考えられるにもかかわらず、それらの事実が全く見受けられないというのは、通常考え難い状況であるといわざるを得ない。

⑶　P社から提出された不具合対応業務の作業実績が多数記載されている「作業実績調査結果」は、不具合対応業務を仮装するために作出された資料であるというほかなく、内容についておよそ信用するに足りないといわざるを得ない。

　このように裁判所は判断しました。これにつき裁判所の判断過程における証拠の重要性がわかります。

<判断過程>

　裁判所は、経営会議において、

①　P社の経常利益は赤字が予測されていたこと

②　S社の利益を外注費としてP社に振り替えることが決定されていたこと

③　P社の資金不足が懸念されていたこと

④　P社グループ全体の法人税が減少するよう外注費の額を繰り返し試算していたこと

などから、P社の決算を黒字にするためにS社の利益を外注費としてP社に振り替えることが決定されたと認定しました（<u>経営会議資料、決算予測資料及び経営管理担当役員ノート</u>などにより認定（※下線筆者））。

⑤　経営会議はP社グループの経営に関する重要な事項を決定する会議であること

⑥　本件得意先に対する売上げはS社の売上げの90％以上であること

⑦　不具合対応業務の進捗状況等は経営会議に報告されていないこと

などから、P社グループの経営に関し重要な事項を決定する経営会議において巨額の費用を要する不具合対応業務に関する報告がないという状況は、当該業務が行われていたとすれば、通常考え難い状況であるとした上で（<u>経営会議資料</u>などにより認定（※下線筆者））、これらのこと（上記①ないし⑦）からすれば、不具合対応業務が現実に行われたことを推測させる事実は認められないと判断しました。そして、さらに、不具合対応業務の作業実績が記載された資料について、

⑧　不具合が生じたとされるシステムは開発中止になっていること

⑨　不具合対応業務に従事したとされる従業員は、当該業務に従事するだけの技術的能力を有していないか、他の業務に従事していたこと

などから、当該資料の記載内容は信用できず、従業員が当該業務に従事したとは認められないとした上で（<u>従業員の勤務報告、労務管理に関する稟議書及び元従業員の聴取書</u>などにより認定（※下線筆者））、以上のこと（上記①ないし⑨）からすれば、不具合対応業務の実体は存在したとはいえないと判断しました。

【判断過程のイメージ図】

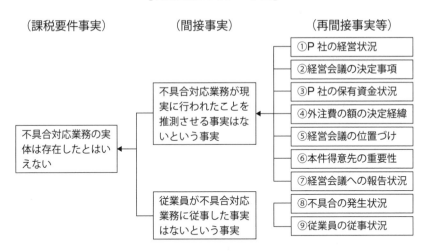

　重要なのは筆者が下線を付した箇所です。これらについて社会通念（＝常識）で当然あるべきはずの資料が存在していない（エビデンスとしては弱かった）ということがわかります。同族特殊関係者間の取引はすべて純然たる第三者と同様の取引をしたときと同等以上のエビデンスがなければ疎明力はないものとされます。

　当局資料では、締めくくりに下記のように述べています。

　　このような判断過程からすると、裁判所は、課税庁（国）及び納税者の主張をそれぞれ前提とした場合、証拠から積み上げた間接事実等を統一的、整合的に説明できるか、という観点から検討しているということが分かります。

　この後、当局資料ではいわゆる社会通念（＝常識）で証拠について検証していくとしています。

〇経験則の適用

　上記のとおり、裁判所は、不具合対応業務の進捗状況等が経営会議に報告されていないこと（⑦）に、⑤及び⑥の事実を加えた上で、経営会

議に不具合対応業務に関する報告がないという状況は、当該業務が行われていたとすれば、通常考え難い状況であると判断しています。これは、（中略）⑤から⑦までの事実について「人間は、このような場合、通常、このような行動をする」という経験則を適用したものであることが分かります。

　つまり、裁判所は、経営会議に報告がされていないという事実に、Ｐ社グループにおける経営会議の位置づけ、本件得意先の重要性などの事実を積み重ねることにより、本件得意先に納品したシステムに不具合が生じたのであれば、その進捗状況やそれに要する費用等は、Ｐ社グループの経営会議における重要な関心事であるとした上で、このような重要な関心事は、通常、経営会議に報告されるはずであるという経験則を適用（※下線筆者）して、上記の判断をしたものと解されます。

　エビデンスがあっても当該資料における内容そのものが社会通念（＝常識）に照らし、不自然であれば当然疎明力はないものとされます。そしてこの社会通念（＝常識）の射程については先述のとおり純然たる第三者との取引と平仄がとれているかが判断基準（＝メルクマール）となります。

　最後に国税訟務官室からのコメントとして下記のまとめがあります。

　裁判において、「ある事実」が存在すると、全間接事実を統一的に、整合的に説明できるものの、「ある事実」が存在しないと仮定しても、全間接事実を統一的、整合的に説明できる場合、このような事態は証拠が不十分で、認定できる間接事実が少ない場合に起こりやすいとされています（注10）[6]。

　このことを踏まえると、調査において、納税者が「ある事実は存在する」と主張し、調査担当者が「その事実は存在しない」と主張する場合、調査担当者の主張を立証できるかという観点から間接事実等を収集する

6　本文中の注釈は下記のとおり。
（注10）　民事研修編集室「民事研修（第701号（2015年9月号））」38頁。
（注11）　司法研修所・前掲注（4）46頁参照。

だけではなく、納税者の主張を前提とすると、全間接事実を統一的、整合的に説明することはできないと言えるだけの間接事実等（証拠）を収集する必要があるといえます（上記裁判例であれば⑧及び⑨）。

　また、（中略）経験則は常に例外（推認を妨げる事情）を伴うものであるため、間接事実による推認は、常に覆される可能性があることに注意が必要です。例えば、領収証があれば、「通常、金銭の授受がないのに領収証を作成することはしない」という経験則により、金銭の授受はあったと考えますが、領収証を作成したことに何か特別の事情（例えば、脱税のため）があったとすれば、金銭の授受がなくても領収証を作成すること（動機）はあるということになります（注11）。このほか、上記の裁判例のように、「人間は、このような場合、通常、このような行動をする」という経験則により、「あるべき事実がない」ということも重要な間接事実になりますが、この場合、「人間は、このような場合、通常、このような行動をしない」という経験則もあります。

　したがって、間接事実により課税要件事実を推認する場合には、推認を妨げる事情の有無を慎重に判断し、課税要件事実を推認させる確実性を高めるだけの間接事実の種類や数を増やすことが重要であるといえます（上記裁判例であれば⑤及び⑥）。

　本事件で課税庁（国）が勝訴できたのは、調査において、Ｐ社らの内部資料（Ｐ社グループの経営会議資料、決算予測資料及び経営管理担当役員ノート等）を数多く収集していたことが大きいと思われます。数多くの資料を収集していたからこそ、間接事実等を数多く積み上げることができ、そのことから課税要件事実が明らかになり、裁判所の理解が得られたと思われます。

　なお、係争において当局は追加で証拠を収集し逆転勝訴をおさめた事例もあります[7]。追加調査については筆者下線の箇所になります。

---

7 情報　調査担当者のための判決情報（第1号）平成25年2月　☆逆転勝訴判決☆地裁で敗訴したが、その後新たな証拠の収集により逆転勝訴することができた事例仙台地裁（平成22年7月6日判決）仙台高裁（平成23年4月13日判決）
　国税庁課税部審理室・個人課税課

○地裁の判断（仙台地裁平成22年7月6日判決）

（ＴＡＩＮＳコードＺ260－11471）

　課税庁は、①本件金員が、調査対象者の下船時期に合わせて支払われていること、②調査対象者への支給明細には、本件金員について「精算」と記載されていたことなどからすれば、本件金員は給料精算金であり、調査対象者の給与の収入金額は、家庭送金分（60万円又は70万円）に留保金10万円を加えた金額であると主張した。しかし、地裁は、平成15年3月までの調査対象者の給与の収入金額については月固定給70万円（家庭送金分60万円と留保金10万円）であるが、再契約後の平成15年4月以降の調査対象者の給与の収入金額については、Ａ社と調査対象者との間で月固定給の増額が合意されたことをうかがわせる事情はないから、家庭送金分の70万円のみであると判断した。

　一方で高裁の判断（仙台高裁平成23年4月13日判決）（1）仙台局長が行った追加調査（※）の結果によれば、4名の同業者のうち、平成14年又は平成15年に再契約を締結した3名について、いずれも月固定給が10万円増額されているのであるから、調査対象者についても、平成15年の再契約の際に、月固定給が従前の月額70万円から月額80万円に増額されたことが十分推認されるものというべきである。

> ※　追加調査：仙台局長が、調査対象者と同様、遠洋鮪延縄漁船の漁労長（兼船長）としてＡ社との間で乗船契約を締結し給与収入を得ている者について、仙台局管内の全税務署長に対し、月固定給額、家庭送金分の月額、契約時期等に関する報告等を求めた。その結果、気仙沼税務署長から4名の同業者の報告があった。（※下線筆者）

◆調査に生かすポイント◆

　本件のように契約書等、直接的な証拠が存在しない場合や当事者における契約内容や合意内容が必ずしも明らかではない場合には、同業者においてどのような契約が行われているか等、間接的な証拠の積み重ねにより課税要件事実を推認するといった観点から証拠収集をすることが重要である。

　なお、証拠収集の方法が不明な場合は、審理担当者等に相談するなどした上で、有効な証拠収集をすることが重要である。

重要情報1
○その他行政文書　調査に生かす判決情報056
情報　調査に生かす判決情報第56号　平成28年4月　～判決（判決速報№1387【源泉所得税】）の紹介～　東京国税局課税第一部国税訟務官室

　（一部抜粋）
　国税訟務官室からのコメント
4　国側が主張した（中略）の事実は間接事実であり、いずれもそれ単体では本件各簿外資金がXからAに対して貸し付けられたものではなく、Aが利得したものであるというには十分なものではなかった（例えば、金銭消費貸借は口頭契約の場合もある。）が、これらの間接事実を積み上げて本件各簿外資金はXからAが利得したものである旨主張したところ（※下線筆者）、裁判所は、本件各簿外資金の作出方法や管理・費消状況、本件各貸付けの態様、XにおけるAの役割等に関する事実を認定した上で、Xの業務はその全てがA自身によって、又はその指揮監督の下に行われていたものというべきであり、本件各簿外資金はXの業務に係る架空取引を通じて作出され、Aが利得したものであるということができると認定した。その上で裁判所は、所得税法28条の解釈に当てはめ、本件各簿外資金は、AがXの代表者として提供した役務又は労務の対価として受けた給付と評価することができるとして、Xは、Aに対し、本件各簿外資金を所得税法28条1項が規定する給与等として支払ったものというべきであると判断したものである。
5　税務調査における主要事実、いわゆる課税要件事実の認定に当たっても、上記4の裁判所の認定と同様であり、課税要件事実の存否を直接証明する証拠（直接証拠）を把握することが困難な場合、間接証拠

から導き出される間接事実を積み上げることによって課税要件事実の存否を推認することができる場合がある。また、直接証拠から把握した課税要件事実について、間接事実との整合性を検証することによって、認定できる事実であるか否かを検討することができる場合もある。

　このように、間接事実は事実認定において重要な役割を果たすものであり、間接事実の量に比例して事実認定の正確性を高めることができる。そして、間接事実をより多く把握するためには、税務調査において多くの資料を収集し、当事者から聴取した事項についても証拠化しておくことが肝要である。（※下線筆者）

　本件と事実関係は異なるが、本件と同様の判断をした裁判例を、以下紹介する。

1　大阪高裁平成15年8月27日判決（税務訴訟資料253号順号9416）

　代表者の法人における地位、権限、実質的に有していた全面的な支配権に照らせば、当該法人の金員を当該法人から代表者の口座へ送金したことは、当該法人の意思に基づくものであって、当該法人が代表者に対し、経済的な利得を与えたものとみるのが相当であるとされた事例。

2　仙台高裁平成16年3月12日判決（税務訴訟資料254号順号9593。国側は、本訴において本裁判例を引用して主張した。）

　法人経営の実権を代表者が掌握し、法人を実質的に支配しているような法人において、代表者がその意思に基づき、法人の資産から、経理上、給与の外形によらず、法人の事業活動を利用して利益を得たような場合には、その利益は、当該代表者の地位及び権限に基づいて当該法人から当該代表者に移転したものと推認できるとされた事例。

3　東京地裁平成19年12月20日判決（税務訴訟資料257号順号10853）

　法人の取引先に対する売上原価として損金計上した金額のうち、代表者が指定する銀行口座に振り込まれるなどした金額については、当該法人から取引先に対する代金支払という外形をとるものの、実質的には取引先を介して代表者に対して金員が移転され、代表者が同金員を取得したものとみることができ、このような商品取引については代表者が形式

的にも実質的にもこれを有効に行う権限を有していたことからすれば、当該法人から代表者に対してなされた金員の移転は、当該法人から代表者に対し経済的な利益が給付されたものということができるとされた事例。

　補論として簡潔に説明をしておきます。

　上述のように税務調査に係るエビデンス資料の準備については証拠法の基本的理解が不可欠です。

　大前提は当局も意識しているように課税要件事実の重要性を意識します。租税を課すためには、法律の規定が必要（租税法律主義:憲法84条）です。そして、法律に規定してあるのは、課税要件と法律効果になります。これは「ある事実があれば、納税義務が生じる」と平易に読み替えることができます。

　したがって、当局が租税を課すためには、法律の規定する事実（課税要件事実）が絶対に必要になります。

　次に事実認定に関する基本的なルールです。法律の規定する事実（課税要件事実）は過去の事実です。よって、「証拠」から「認定」をすることになります。当局が「証拠」を収集する手続が「税務調査」ともいえます。国税通則法には、「税務調査」に係る基本的なルールが規定してあります。

　では、その「証拠」から「事実」が認定できるのか、「証拠法」に、事実認定に関するルールが存在するため、それを意識します。

　証拠法と表現していますが、法文ではなく、つまり「何かをみれば書いてある」ということではなく、すべて実践知になります。

　実務では定式化できない箇所がたいへん多いといえます。しかし、基本的な「枠」は、ほぼ定式化されています。したがってその定式を知っているかどうかで、「事実」をどのように扱うかが理解できます。

　証拠法の基本的知識は、税実務では下記の箇所で活用できます。
○取引時の証拠保全
○申告時の事実確認

○税務調査時の税務当局への反論

○争訟時の主張、立証活動

　証拠法の基本的理解、上記でいうところの定式化については本書の各章で適宜言及していきます。

　事実認定の構造として、大前提として「証拠」から「事実」を認定する手法は２つしかないということです。これは上記でも解説しています。

○直接証拠

　証拠→課税要件事実

　　例えば、贈与契約書があれば、「贈与」（により取得した財産）（相続税法２条の２第１項）があるため課税関係が生じ得る、といった単純なものとなります。もっとも、信用性の問題は常にあります。上記のとおり、証拠が形式的にあっても内容が社会通念（＝常識）にしたがって明らかに不合理であれば問題が生じます。

○間接証拠

　証拠→事実（経験則）→課税要件事実

　（かつ）

　証拠→事実

　例えば、

　　議決権行使書面があり、議決権行使されていたとします。その後、株式の「贈与」があったとします。

　　一方、別の証拠として預金通帳があり、そこに配当金受領の履歴があったとします。それらを総合勘案します。

　　間接証拠の活用についても当局の理解としては先述したとおりです。直接証拠のほうが端的なのは当然ですが、例えば先の例でいうところの直接証拠＝贈与契約書がなく、直接証拠を使えない場合に関しては間接証拠が使えるかを検証する必要があります。

　　証拠にもいろいろな種類があります。

・書証（文書）

・人証（証人・当事者）

・検証物

・鑑定人

です。

税務調査の「時点」で、問題となるのは、書証、人証になります。後段2つは主に係争機関で問題になります。

税務調査の「時点」での書証のメリットは、作成時点、すなわち過去時点で内容が固定されていることです。内容が固定化されているということは「言った、言わないという問題が生じない」と言い換えることができます。

さらに、それが過去のある時点になるわけですから記憶の後退とも無縁であり、備忘の手段としても利用されます。

書証で最も実務で登場するのは契約書です。契約書は非常に強力な証拠となります。これは、契約、すなわち、当事者の合意が書面上でなされていることが明らかだからです。

したがって、契約当事者が作成した契約であれば、原則として、その内容どおりの効果が生じると理解されます。例えば、契約当事者が署名、押印した契約書は、原則としてそれを「ないこと」にはできないとされます。

書証のデメリットもあります。証拠として価値が高いために、偽造等がされやすく、また、誤導を生みやすい点です。偽造・内容虚偽の可能性については特に同族特殊関係者間においては当局も念査します。

偽造・内容虚偽の疑いを生じさせるのは形式、外形の不自然さですぐにわかります。

例えば、契約書の作成年月日の記載と、当事者欄の住所の記載が整合しない、であるとか、契約書によって同一人の署名の筆跡や押印してある印章が違うことなどです。形式、外形を整えることは、極めて重要であり、税務当局の文書も、基本的に形式、表記をすべて統一させることを意識します。

また、仮に誤った表現、不適切な表現で契約文言を残した場合、その状態で固定化されることになります。結果としてそれが事実認定の資料となります。

　取引時の書証の作り方は上記のデメリットを解決させる方法をとるしかありません。

　当然ですが、適切な文言や表現を使うことです。契約書等法律文書は法律に則った言葉である必要があります。

重要情報２

○（和解金（剰余金の分配と認定した事例））

　和解金の支払が剰余金の分配と認められ資本等取引に該当するとして損金の額に算入できないとした事例（平23－07－05公表裁決）

〔ポイント〕

　この事例は、訴訟上の和解に基づき請求人が支払った和解金の性格について、訴訟の経緯、対立点及び和解において請求人が当該和解金を支払うに至った経過並びに和解調書の和解条項内容及び請求人の会計処理の事実から認定したものである。

　請求人は、本件和解（訴訟上の和解）は、原告ら（L及びNら）の請求内容（出資持分の払戻請求及び退職金の支払請求）を認めた内容の和解ではなく、多様な意味合いを包含した金額面での和解であり、本件和解金からLの退職金を控除した金員（本件金員）は、経営上当然の経済行為に基づく支払金という性格を意味しており、出資持分があることを根拠として支払ったものではないから、本件金員の額からLの出資額などを控除した額（本件特別損失額）は本件事業年度の損金の額に計上できる旨主張する。

　しかしながら、本件訴訟の経緯、対立点及び和解において請求人が本件和解金を支払うに至った経過並びに和解調書の和解条項内容及び請求人の会計処理の事実についてみると、請求人は、原告らに出資持分の払戻請求権相当の権利を認めるなど、本件和解金を支払うことで請求人と原告らの債権債務関係を消滅させたものと推認されることから、本件金員からNの退職金相当額を差し引いた金員は、出資者たる地位に基づき支払われた金員であるといえ、当該金員から請求人が資本金勘定から減額したLの出資金相当額などを控除した金員は、剰余金の分配に当た

ると認められるので、法人税法第22条《各事業年度の所得金額の計算》第５項に規定する資本等取引に該当する。

　また、平成８年３月期に請求人がＮに対する役員退職金として支出した金員相当額が本件和解金の計算に含められた経緯等から判断すると、当該退職金相当額については、請求人が真に支払を受けた者に代わって仮払金・立替金の類として支払ったものであると考えるのが自然である。

　したがって、本件特別損失額は、法人税法第22条第３項の規定により本件事業年度の損金の額に算入することはできない。

（参考判決・裁決）

　平成20年１月23日裁決（裁決事例集No.75・78頁）

（実務上のポイント）

　本件では出資者が２人います。出資払戻しは資本金等の減額扱いとなりますが、和解契約の経緯における事実認定から出資者２人のうち１人に支払った退職金につき損金不算入としたものです。

　和解契約書等を作成する場合、名目は解決金といったものにしても、それを当局がどのように判断するのか考慮してのエビデンスの整理が必要です。例えば、その和解に至った経緯、なぜその金額になったかということについてのエビデンスは必須です。

　また、相互に矛盾しない表現を使うことを意識することも必要です。ネットで検索できるような汎用の雛型を修正するときは、他の条項との関係もよく考えて修正を施します。

　なお、契約書全般にいえますが、自分自身は理解できる、自分自身はこう思った、では自分しかわからないことと同義のため証拠にはなり得ません。

　人証については税務調査の「時点」では事実認定に加味されるケースが多いといえます。係争機関では取扱いはかなりまちまちといえます。

　人証のデメリットは、記憶が減退、変容している可能性が非常に多くあり、誤ったことを言ってしまう蓋然性が非常に高いことです。

　また、質問内容によって表現が変わってくるため、調査担当者による誤導の可能性について意識して調査対応をする必要性が生じます。

　証拠保全の重要性は、原則的には、書証が人証よりも圧倒的に重要です。

　課税上、重要となる事実に関しては、取引段階で、適切な書証を作成しておくことは必須であり、適正な形式を意識することによって、実態が適正とみなされる、という流れになります。

　なお、本書とは本題がずれますが、税務当局が聴取書を作る意味は、証拠保全の重要性において原則的には、書証が人証よりも圧倒的に重要なためといえます。

　書証については次のような不都合が生じ得ますが、それを聴取書にとることで、証拠の補完、固定化を試みているのです。
○書証と矛盾する内容であり、信用できない
○書証からは認定できないところを供述で埋めたい

　なお、証拠を「保全」するために証拠法上の知識を活用することを述べており、証拠を「偽造」するために証拠法上の知識を活用することに関して述べていません。後者は明らかに「証拠の偽造」であり「虚偽証拠を作成すること」に該当します。これは重加算税等の対象になり得ます。

　同様にバックデイトの契約書、議事録を作成することも、証拠の偽造、虚偽証拠を作成することになり得ます。

　したがって、取引等の時に、適宜、作成し、「仮に」時期を逸した場合は、事後的な「確認書」「覚書」等としてあえて証拠力を弱める必要があります。

　税務調査を意識した普段からの証拠保全においては、租税法を確認→必要な事実を確定する→その事実に関する証拠の保全を検討、というプロセスをとります。ここでは民法、会社法等々も当然知っておくべき必要があります。

　最後に課税要件を意識した文書作成のポイントを列挙します。実践論です。

・税務調査で誤解を招かないように契約書は取引内容を正確に反映させ

ます。

・契約書の細部が問われることが非常に多いため、課税リスク回避の観点から契約書はできるだけ詳細な文言まで記載します。

・契約書とその他の文書（インボイス、議事録、メール、社内ＳＮＳ）との間に齟齬がある場合、信憑性が疑われます。平仄を合わせてください。

・本書でも随時触れますが、過去の裁決や裁判例は決め手となった証拠が頻繁に確認できます。それらをもとに、そもそもどこが争点になりやすいかについて当初から確認しておきます。

なお、本書では、その性格上、争点、論点単位で解説しています。

Ⅰ－4　納税者側のエビデンスの活用手段

Q 税務調査における納税者側のエビデンスの活用手段を以下の３点を中心に教えてください。

(1) 反証について

(2) 裁決・裁判例での反論について

(3) 証拠をどこまで提示するかについて

A 　(1)(3)については証拠との接近性の観点から当初申告時から納税者に挙証が求められることも多くあります。

(2)についてはそれ自体、証拠ではないものの、現実論として税務調査では交渉で利用されたりすることも多いため、ここで確認します。当該裁決・裁判例の先例があるかどうかの見極めが必要です。

【解　説】

（1）反証について[8]

　題材として反証について当局がどのように理解しているかを確認します。

　当局は、

　簿外経費等は、その存在を合理的に推認させるに足りる程度の具体的な反証を行わない限り、当該簿外経費等は存在しないとの事実上の推定が働く。

としています。

　具体的には、

　「本件の争点」

　簿外の経費及び貸倒損失は損金の額に算入できるか否か。

---

8 その他行政文書　調査に生かす判決情報054

　　情報　調査に生かす判決情報第54号　平成28年４月　～判決（判決速報№1381【法人税】）の紹介～　東京国税局課税第一部国税訟務官室、を参照・引用しています。

についてのコメントです。

「裁判所の判断」として、

簿外の経費及び貸倒損失は損金の額に算入できるか否か（争点3）について法人税法は、内国法人に対し、事業年度ごとに所得金額及び法人税額等を記載した申告書を提出するよう義務付け（74条1項）、当該申告書には、当該事業年度の貸借対照表及び損益計算書等の書類を添付しなければならないものとするなど、確定した決算に基づいて正しい申告をすべきことを求めている上、損金となる費用の存在が納税者にとって有利な事実であり、その証憑書類を整理・保存し、帳簿に計上することも容易であることからすれば、X社が損金として未申告の簿外の経費及び貸倒損失が存在すると主張するときは、当該証拠との距離からみても、X社が損金となる簿外の経費及び貸倒損失の存在を合理的に推認させるに足りる程度の具体的な反証を行わない限り、当該簿外の経費及び貸倒損失は存在しないとの事実上の推定が働くものというべき（※下線筆者）である。

X社は、簿外の経費及び貸倒損失がある旨主張し、これを裏付ける証拠を提出するが、X社の実質的経営者であるAは、商業ビルの固定資産売却益を不正に圧縮するため、配下の者等に指示をするなどして、内容虚偽の関係書類を多数作成させていること、Bが、Aの配下の者や貸付先の顧客は、普段から不定期に、Aに対して、印鑑登録証明書や登録印鑑を預けさせられていた旨供述していることなどを鑑みると、提出証拠は上記簿外の経費等の支払を仮装するために作成された可能性があるから、信憑性を欠く（※下線筆者）ものというべきである。

以上に述べたところによれば、X社が簿外経費等を支払ったとの事実はないと認めるのが相当であり、この認定を覆すに足りる的確な証拠はない。

これを踏まえて「国税訟務官室からのコメント」においては、次のように述べています。

＜簿外経費等の立証責任等について＞

　簿外経費等の存在については、調査段階あるいは不服申立て段階に事後的にその証拠が提出され、主張される場合が少なくない。

　簿外経費等の立証責任については、本判決において「損金として未申告の簿外の経費及び貸倒損失が存在すると主張するときは、当該証拠との距離からみても、その主張する者が損金となる簿外の経費及び貸倒損失の存在を合理的に推認させるに足りる程度の具体的な反証を行わない限り、当該簿外の経費及び貸倒損失は存在しないとの事実上の推定が働くものというべきである。」と判示されている。

　しかしながら、このような簿外経費等の存在は、課税所得の計算に直接影響を与えるものであることから、これらの主張があった場合には、調査・検討を十分に行い適切に対応する必要がある。事案によっては、虚偽の簿外経費等の存在を主張する場合も考えられ、これを見逃した場合には、著しく課税の公平を欠くこととなるので、留意されたい。

　本件においては、不服申立て段階において、簿外の支払手数料、借入金の支払利息、弁護士費用及び貸倒損失が存在するとして、主張及び証拠の提出がなされたが、入念な調査、証拠書類等の検討・分折を行い（下記に事例の一部を示す。）、弁護士費用を除いては、その支払の事実及び貸倒損失の前提となる貸付けの事実は認められない旨主張・立証し、裁判所もこれを認め、国側が勝訴した。

　注目すべきは次の図解です。

【事　例】

1　支払手数料

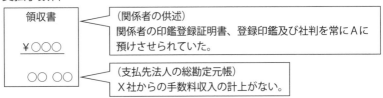

領収書
¥○○○
○○　○○

（関係者の供述）
関係者の印鑑登録証明書、登録印鑑及び社判を常にＡに預けさせられていた。

（支払先法人の総勘定元帳）
Ｘ社からの手数料収入の計上がない。

2　借入金の支払利息

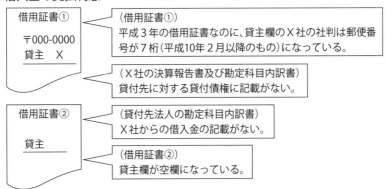

借用証書①
〒000-0000
貸主　Ｘ

（借用証書①）
平成3年の借用証書なのに、貸主欄のＸ社の社判は郵便番号が7桁（平成10年2月以降のもの）になっている。

（Ｘ社の決算報告書及び勘定科目内訳書）
貸付先に対する貸付債権に記載がない。

借用証書②
貸主

（貸付先法人の勘定科目内訳書）
Ｘ社からの借入金の記載がない。

（借用証書②）
貸主欄が空欄になっている。

3　貸倒損失

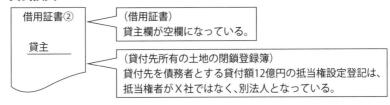

借用証書②
貸主

（借用証書）
貸主欄が空欄になっている。

（貸付先所有の土地の閉鎖登録簿）
貸付先を債務者とする貸付額12億円の抵当権設定登記は、抵当権者がＸ社ではなく、別法人となっている。

　このように事後的に簿外経費等が主張され、これに関する証拠の提出がなされた場合には、虚偽のものである可能性も十分にあり得ることから、その主張や証拠を鵜呑みにせずに、書類の作成当時の時代背景や社会情勢なども考慮し、その真偽を検討することが重要である。

　簿外経費の争点以前の問題として契約書等々の記載内容についてどこに着目すべきか詳説されています。
　証拠との接近性から納税者に挙証責任があるとの争点もあがっていま

すが、そもそも当初申告の挙証責任は課税庁側にあることを貫徹し納税者側が勝訴した事例も当然あります。

重要情報1
○その他行政文書　調査に生かす判決情報078

情報　調査に生かす判決情報第78号　平成29年6月　証拠収集の重要性－課税処分取消訴訟の立証責任は国側が負う－東京地裁平成15年5月15日判決（国側一部敗訴・相手側控訴）東京高裁平成16年3月30日判決（原審維持・確定）　東京国税局課税第一部国税訟務官室

▼　裁判所による事実認定は、証拠がなければ認定されない
　　（課税処分取消訴訟における立証責任（挙証責任）の所在）

○　一般に、課税処分取消訴訟における立証責任（挙証責任）は、原則として国側にあり、立証するための証拠がない場合には裁判所の事実認定が得られない可能性が高い。したがって、調査先からの証拠の収集が困難である場合には、速やかに反面調査等の補完調査を行って可能な限り証拠を収集することが必要である。

○　本件は、X（附属病院などを経営する学校法人）が製薬会社等の委託に基づいて治験等（治験、委託研究等）を実施し、それに起因して受領した寄附金名目の金員（以下「本件寄附金」という。）が、収益事業（請負業）に係る収入に該当するか否かが争点となった事件である。

　　本件寄附金について、Y（課税庁）が治験等の対価（収入金額の計上漏れ）に当たると主張した金額のうち、証拠上、治験等に係る役務提供の対価として支払われたことが認められる約6割の金額については、収益事業に係る収入に該当するとされたものの、残余の約4割の金額については個々の寄附金の内容の立証が不足しているとして、Yの主張が排斥された。

○　本件は、原処分調査において、調査資料の収集についてXの調査協力が得られなかったなどの諸事情があったことから、証拠資料の収集

が不十分であった事案であり、税務訴訟における証拠の重要性を示す典型的な裁判例といえる。（※下線筆者）」

（筆者中略）

＜調査に役立つ基礎知識＞

○　立証責任（挙証責任）の意義

　事実が存否不明のときには、原則として、存否不明の事実は存在しないものと扱いその事実を要件とする法律効果の発生を認めない裁判をするように命じるものである。

　これを当事者からみると、ある事実が存否不明であるときには、いずれか一方の当事者が、その事実を要件とした自分に有利な法律効果の発生が認められないことになるという不利益を負わされている。このような当事者に及ぼす危険又は不利益を立証責任（挙証責任）という。

○　課税処分取消訴訟における立証責任（挙証責任）

⑴　課税処分取消訴訟は、課税処分の適否について争われるから、主要事実（課税処分の根拠となる事実）の存否についての立証責任（挙証責任）は、原則として国側が負うことになる。したがって、国側は、主要事実を裁判所に認定される程度の証拠を提出する必要がある（※下線筆者）。

　　この点については、最高裁判所昭和38年3月3日第三小法廷判決（訟務月報9巻5号668ページ）において、「所得の存在及びその金額について決定庁が立証責任を負うことはいうまでもないところである。」と判示されており、多くの裁判例や学説も、原則として国側に立証責任（挙証責任）があるものと解している。

⑵　これに対して、相手側（納税者）は、国側が主張する主要事実を否認する証拠（反証）を提出し、これにより裁判所の心証を、その主要事実が存在するとも存在しないとも分からない程度の状態に至らせば、上記のとおり、立証責任（挙証責任）の原則により、当該課税処分の根拠となる事実が存在しないことになってしまう。

　　（筆者中略）

1　事件の概要

　Xは、大学（医学部）及び附属病院などを経営する学校法人であり、製薬会社等からの委託に基づいて治験等を実施し、本件寄附金を受領していた。

　Yは、Xが平成2年3月期の法人税の確定申告をしていないことから調査に着手したところ、Xが指摘事項の一部については期限後申告に応じたものの、本件寄附金については申告に応じなかったことから、更正処分等を行った。Xは、これを不服として本訴に及んだ。

2　取引の概要

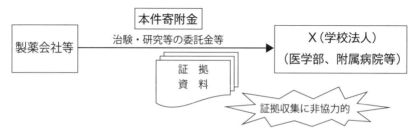

（筆者中略）

5　本判決の分析

⑴　本件訴訟では、Xが調査に非協力であったこと等の理由により、Yにおいて、本件寄附金の個々の内容に係る資料が不足（本証が不足）していたのに対し、Xは、その個々の内容について、治験等に起因するか否かを調査したとするX所属のA教授の証言等に基づく反証を行った。

⑵　裁判所は、下表のとおり、本件寄附金のうち、Yから治験等に係る役務提供としての証拠の提出がないものや、X所属のA教授の調査結果を覆すに足りる証拠がないもの等については、立証責任（挙証責任）を負うべきYにおいて、治験等に係る役務提供の対価であると認めるに足りる具体的な主張、立証はないとして、Yの主張を排斥し、寄附金として認定した。

⑶　以上を踏まえると、証拠を提出できない場合は裁判所の事実認定が得られない可能性が高いことから、調査先からの証拠の収集が困難な

場合には、速やかに反面調査等の補完調査を行って証拠を収集するなど、可能な限り証拠の収集・保全に努めることが必要である。（※下線筆者）

		X（学校法人）による反証	Y（課税庁）主張	判　　決
本件寄附金	No.1	A教授の調査結果によれば、治験等の対価とは認められない	証拠あり	収益事業
	No.2	A教授の調査結果によれば、治験等の対価とは認められない	証拠なし	寄附金
	・	・	・	・
	・	・	・	・
	No.700超	A教授の調査結果によれば、治験等の対価とは認められない	証拠あり	収益事業

（2）裁決・裁判例での反論について

　当局調査「時点」での反論として過去の裁決・裁判例を利用することはよくあります。しかし、調査官から下記のような再反論を受けることも非常に多くあります。

　・裁判例であれば一定程度、課税庁を拘束するので、反論根拠になるのは納得する。

　・裁決は国税不服審判所という行政機関の判断であるから、課税庁は拘束されるおぼえがない、すなわち反論の根拠にならない。

　この場合、裁決の拘束性を検証します。行政不服審査法43条1項によれば、裁決は拘束力を有します。

重要情報２

「裁決結果の公表基準について（事務運営指針）」
（平成12年９月８日　国税不服審判所長）

（趣旨）

国税不服審判所においては、従来より、納税者の正当な権利利益の救済を図るとともに、税務行政の適正な運営の確保に資するとの観点から、先例となるような裁決について（※下線筆者）、固有名詞を匿名にするなど、審査請求人等の秘密保持に十分配意した上で、裁決結果を公表してきたところであるが、今般、公表基準の明確化を図ることとしたものである。

記

1　裁決結果の公表基準

（１）納税者の適正な申告及び納税のために有用であり、かつ、先例性があるもの（※下線筆者）

（２）適正な課税・徴収の実務に資するものであり、かつ、先例性があるもの（※下線筆者）

（３）その他、納税者の正当な権利利益の救済等の観点から国税不服審判所長が必要と認めたもの

（注）例えば、次に掲げるものは、上記の基準に該当する。

○　法令又は通達の解釈が他の事案の処理上参考となるもの

○　事実認定が他の事案の処理上参考となるもの

○　類似の事案が多く、争点についての判断が他の事案の処理上参考となるもの

○　取消事案等で納税者の主張が認められた事案で先例となるもの

2　ただし、次に該当する場合には公表しない。

（１）審査請求人等が特定されるおそれのあるもの

（２）審査請求人等の営業上の秘密が漏れるおそれのあるもの

（３）その他、審査請求人等の正当な権利利益を害するおそれのあるもの

以上

重要情報3

「裁決結果の公表基準の取扱いについて（指示）」

（平成23年3月4日　国税不服審判所長）

「裁決結果及び裁決要旨の公表手続について（事務運営指針）」（平成23年3月29日　国税不服審判所長）

　むしろ、前段の、

・裁判例であれば一定程度、課税庁を拘束するので、反論根拠になるのは納得する。

　これは慣行であって、絶対ではありません。裁判例といえども先例として認められているもの、そうでないもの（限界事例）があります。限界事例とされている裁判例は原則として反論としては利用できません。この区分は実務家単独で判断することは困難で、また、独自に判断できる性格のものではないため、研究者の判例評釈等々で区分されているものを確認するのが最も簡便です。

（3）証拠をどこまで提示するか

　質問検査権に係る条文は下記のとおりです。

国税通則法第74条の2

　国税庁、国税局若しくは税務署又は税関の当該職員（中略）は、所得税、法人税、地方法人税又は消費税に関する調査について必要があるときは、次の各号に掲げる調査の区分に応じ、当該各号に定める者に質問し、その者の事業に関する帳簿書類その他の物件（中略）を検査し、又は当該物件（中略）の提示若しくは提出を求めることができる。

　税務調査で提示・提出しなければならないのは、「その者の事業に関する帳簿書類その他の物件」とされています。

　「その者の事業に関する」と規定されていますから、個人事業主に対

する調査においては、事業用と生活費用の通帳が「明確に分かれている場合」、生活費用の通帳を見せる必要は一切ありません。

　法人も同様で、法人と役員が金銭の貸借をしている場合などを除いて、個人用の通帳を見せる必要は一切ありません。

重要情報4

「税務調査手続に関するＦＡＱ」（一般納税者向け）

問7　法人税の調査の過程で帳簿書類等の提示・提出を求められることがありますが、対象となる帳簿書類等が私物である場合には求めを断ることができますか。

【回答】

　法令上、調査担当者は、調査について必要があるときは、帳簿書類等の提示・提出を求め、これを検査することができるものとされています。

　この場合に、例えば、法人税の調査において、その法人の代表者名義の個人預金について事業関連性が疑われる場合にその通帳の提示・提出を求めることは、法令上認められた質問検査等の範囲に含まれるものと考えられます。

　調査担当者は、その帳簿書類等の提示・提出が必要とされる趣旨を説明し、ご理解を得られるよう努めることとしていますので、調査へのご協力をお願いします。

国税通則法調査関連通達1−5
（質問検査等の対象となる「帳簿書類その他の物件」の範囲）

　法第74条の2から法第74条の6までの各条に規定する「帳簿書類その他の物件」には、国税に関する法令の規定により備付け、記帳又は保存をしなければならないこととされている帳簿書類のほか、各条に規定する国税に関する調査又は法第74条の3に規定する徴収の目的を達成するために必要と認められる帳簿書類その他の物件も含まれることに留意する。

「税務調査手続等に関するＦＡＱ（職員用）【共通】平成24年11月　国税庁課税総括課」

問1－26

　「調査の対象となる帳簿書類その他の物件」における「その他の物件」というのはどのようなものを指すのか。

（答）

　「その他の物件」とは、例えば、金銭、有価証券、棚卸商品、不動産（建物・土地）等の各種資産や、帳簿書類の（作成の）基礎となる原始記録などの当該調査又は徴収の目的を達成するために必要な物件が該当します（手続通達1－5）。

　ただし、証拠保全の観点からは、むしろ個人用、生活費用の通帳等々を見せたほうが重要な疎明力を有することもあります。典型的なのが法人と役員が金銭の貸借をしている場合などです。

Ⅰ-5　納税者側が不利になる致命的な資料

Q 税務調査において納税者側が圧倒的に不利になる致命的な資料について教えてください。

A 裁判例における当局側の提出した証拠が参考になります。「経済的合理性＜節税目的」が全面に打ち出されている資料が証拠となったとき原則として納税者の主張は一切通りません。

【解　説】

　代表的なものとしてここでは2例挙げておきます。いずれも意図的に有名な事案をもとにしています。

（1）　土地建物の評価／節税目的で取得した不動産における評価通達6の適用の是非

　最高裁判所（第三小法廷）令和2年（行ヒ）第283号相続税更正処分等取消請求事件（棄却）（確定）令和4年4月19日判決（TAINSコードＺ888-2406）

　（一部抜粋、地裁）

（イ）本件乙不動産は、本件被相続人が、平成21年12月25日付けで、売主である株式会社Mから総額5億5,000万円で購入したものであった（以下、同購入額を「本件乙不動産購入額」といい、本件甲不動産購入額及び本件乙不動産売却額と総称して「本件各取引額」という。）。

　　なお、本件被相続人は、同月21日付けで、訴外Eから4,700万円を借り入れた。また、本件被相続人は、同月25日付けでK信託銀行から3億7,800万円を借り入れており（当該借入れについてG、訴外E、原告A及び訴外Fが連帯保証をした。）、同銀行がその際に作成した貸出稟議書（乙14）の採上理由欄には「相続対策のため本年1月に630百万円の富裕層ローンを実行し不動産購入。前回と同じく相続税対策を目的として第2期の収益物件購入を計画。購入資金につき、借

入の依頼があったもの。」との記載がある。（※下線筆者）

　上記の稟議書は金融機関への反面調査ですぐに発覚します。また、金融機関は相続対策や事業承継対策で提案書を持参することが多々ありますが、ほとんどの資料が節税効果を打ち出した資料になっており、経済的合理性[9]、なぜ、その取引をその時に、実行する必要性があったかという、いわゆる理論武装やストーリーを用意してきません。必ず用意させることが必要です[10]。

---

9 タックスプランニングに係るスキーム提案について

　金取引による消費税還付スキームが税制改正前に否認された事例として最も有名なのは、平成29年8月21日裁決であろう。

　審判所の判断において「加えて、原処分関係資料及び当審判所の調査の結果によれば、■■■■■■■は、本件課税期間の消費税等などについての請求人の税務代理人である税理士が全額を出資して設立された法人で、同税理士が唯一の代表社員であったこと、同税理士は不動産投資に係る消費税還付等の不動産投資に関わる税務を専門的に扱っていることが認められ、これらの事情も併せ考慮すると、■■■■■■■の設立以後の一連の経過は、請求人について、本件支払対価に係る消費税額等の額の大部分の還付を受けるために、本件課税期間に課税事業者とした上で、簡易課税制度の適用により消費税法第33条第1項、第3項による調整を免れさせるべく計画的に行われたものと認められる」とある。

　事実認定の過程でその背後にいる税務代理人の商売上の属性にまで言及するのは、筆者はやりすぎであると考えている。納税者そしてその代理人が節税でも租税回避でも税コストを抑えるために何かしらの経済的合理性がある取引を起こすのは必然である。

　一方で、明らかに心証が、税目的＞経済的合理性になっている場合、それは逆転する。当該裁決に限定されないが、ジャッジ（審判官でも裁判官でも）ありきで事実認定する。

　上記の裁決をもって会計事務所の宣伝文句として「節税〜」を謳うのは、事実認定において勘案される恐れがあり不利になるから、会計事務所にとって危険との見解も見受けられるが、それはない。節税はどこの会計事務所も行っている。租税回避と結果として認定される恐れがあるスキームも策定する事務所もあるだろう。

　しかし、それが経済的合理性＞税目的の関係性が成立していれば、問題はない。この事案のような汎用スキームについては、消費税還付の目的以外「全く」なかった、結果論であるかもしれないが、事実認定においてそれを強調するのに「会計事務所の宣伝文句を利用した」程度と考える。

　会計事務所がタックスプランニング、スキームを提示する場合に留意すべきポイントは、当該提案書はあくまで経済的合理性があったものとしてエビデンスを残すことである。税目的＞経済的合理性での認定は客観的事実に基づく。租税回避の主観など認定できないからである。

　そういった意味で、上掲の消費税還付のような、まさにネットで一次情報が入手できるようなタックスプランニングはすでに最適な税効果を出現するためのスキームとは言えず、汎用スキームになっている時点で、その役割を終えている。汎用スキームとよばれるものを実行する場合には、税制改正の前段階で、随時、上掲のような裁決や裁判例の逐一チェックが必要となる。

（2）　ＴＰＲ事件／特定資本関係５年超要件を満たす合併における法法１３２条の２の適用

東京高等裁判所令和元年（行コ）第198号法人税更正処分等取消請求控訴事件（棄却）（上告及び上告受理申立て）令和元年12月11日判決（TAINSコードＺ269－13354）

（一部抜粋、地裁）

（カ）

　　小括

　以上のとおり、原告は、経理部から吸収合併スキームが提案された時点においても、旧Ｂ社の有する未処理欠損金額の全てを原告に引き継ぐという税負担減少を主たる目的として本件合併を企図したものである上、その後、新Ｂ社の概要を決定する段階からは、旧Ｂ社の有する未処理欠損金額の全てを原告が利用するという税負担減少のみを目的として本件合併を行ったことが明らか（※下線筆者）であり、原告が本件合併の目的として主張する旧Ｂ社の損益改善は、本件単価変更を行わなければ達成できなかったものである。また、原告が本件合併のもう一つの正当な事業目的として主張する本件事業の管理体制の強化についても、本件合併を行わずとも旧Ｂ社の行う事業を予算会議の審議の対象とすることにより達成することは可能であった。

　加えて、行為の不自然性の程度との比較の観点からみても、本件合併の合理性を説明するに足りるだけの事業目的等が存在するとは認められないことからすれば、本件において、税負担を減少させること以外に原告が本件合併を行うことの合理的な理由となる事業目的その他の事情があったとは認められない。（※下線筆者）

10　租税法が過剰な心配をするとしたら、金融機関が「純然たる第三者」「課税上弊害がない場合に限り」に該当するかどうかである。この点、金融機関について「当該売買取引と同時期に取引銀行に対して譲渡した同株式の取引価格は、取引上の見返りに対する銀行側の期待が株価の決定に影響した可能性が十分にあるとして、客観的価額とは認められない」旨の判決もある（東京地裁平成17年10月12日判決）。当該裁判例からは「純然たる第三者」に該当しない。しかし、本事例は金融機関が積極的に原告の相続・事業承継スキームに関わっていたことが勘案され、この結論に至った。筆者は上記裁判例は個別事例と考えている。

　内部証拠は納税者の主張となりますから、有利な方向で働くのはよいですが、上記のように内部会議録等々であからさまに税負担軽減目的とあれば、当局の心証は必然的に悪くなります。本件では、結果として納税者の主張が税負担軽減と捉えられたともいえ、内部証拠の記載や保全には十分な留意が必要であることがわかります。

（参照）

○経済的合理性の例

　金融機関提案の場合、金融機関に考えさせるほうがよいです。ご自身でプランニングする方は上場企業のプレスリリースを参照にしたり、下記のような国税資料をもとに作成したりと、いわゆる土台を用意して、当該案件に沿った流れにすると作成しやすいです。

　（例）経済的合理性の例

「2　株式交換の目的等[11]

　H2O リテイリング及びイズミヤは、少子高齢化に伴う消費活力の減退、ネット通販の拡大を中心とする購買スタイルの変化等、顧客の消費動向が急速に変化するなか、市場シェアの確保、様々なニーズの変化を確実に捉える商品・売場・販売チャネルの提供により、顧客からの支持をより強固なものとすることが急務であると認識しており、本件株式交換は、共通の理念を持つ両社が、関西圏という地域の中で多様な業種業態、取扱商品群を揃えた総合小売サービス業グループを構築することを目的として行うものです。

　本件株式交換による経営統合後は、両社の保有するポイントサービス制度を共通化して新しい顧客還元サービスを構築するほか、相互の人事交流を積極的に図りつつ、両社グループの多様な店舗網による情報収集力をもとにした商品開発や物流機能の相互活用などにより、総合小売業グループ全体として強固な体制を構築することを目指しています。」

11　大阪国税局 文書回答事例「別紙 持株会社を株式交換完全親法人とする株式交換における事業関連性の判定について」より抜粋。

　各取引、特に金額的に重要な取引、後々事実認定ベースになりそうな取引においては、このような証拠を文書化しておくことが必須といえます。

（参考）

　本稿脱稿時点で、「タワマン節税是正検討、評価額を適正水準に　政府与党」（https://www.nikkei.com/article/DGXZQUA287CC0Y2A121C2000000/）という報道があります。

第 II 章

役員給与・役員退職金に係るエビデンス

Ⅱ－1　役員給与や役員退職金の適正額を証明するためのエビデンス

Q 役員給与や役員退職金の適正額を証明するためのエビデンスについて教えてください。

A 役員給与、役員退職給与とも形式基準、実質基準で税務上適正額か否かの調査が行われます。「不相当に高額」という概念は典型的な不確定概念のため、「不相当に高額」という認定を避けるためのエビデンスとしての最適解や唯一解といったものは一切存在しません。

　しかし、最低限用意しておくべき事項はあります。

【解　説】

（1）役員給与

イ　形式基準

　役員給与等の決定方法については、会社法361条1項を確認します。税務調査では役員給与については形式基準よりも実質基準を重視する傾向があります。形式基準については、いつの時点から改定か、総額内に収まっているか、といった極めて単純な記載事項について確認します。納税者がそれを作成している場合、税理士は全てにおいてトレースが必要になります。議事録が重要なのは定期同額給与、事前確定届出給与に関して会社法を前提とした法文になっているからです。

【会社法361条】

（取締役の報酬等）

第361条　取締役の報酬、賞与その他の職務執行の対価として株式会社から受ける財産上の利益（以下この章において「報酬等」という。）についての次に掲げる事項は、定款に当該事項を定めていないときは、

株主総会の決議によって定める。

一　報酬等のうち額が確定しているものについては、その額

二　報酬等のうち額が確定していないものについては、その具体的な
算定方法

（後略）

それを踏まえて、

【定時株主総会】

第○号　議案取締役の報酬額改定の件

　当社の取締役の報酬額は、令和4年6月25日開催の第10期定時株主総会において、取締役の報酬額を月額2,000万円以内と承認されている。

　このような経緯を経て現在に至っているが、業績の悪化、経済情勢の変化及び諸般の事情を考慮して、賞与を含めた報酬として、取締役の報酬等の総額を各事業年度を対象とする年額5,000万円以内と改めさせていただくこととする。

　<u>取締役の報酬額には、従来どおり使用人兼務取締役の使用人分の給与は含まないものとする。</u>

　最後の下線については、仮に使用人分給与を含めない旨を明示した場合、株主総会での枠については、税務では「使用人給与＋役員給与」の合算額で決定されてしまうからです。これにより損金不算入部分が生じることを防ぐため、通常はこの文言を明記します。

> **【取締役会議事録】**（代表取締役に一任）
>
> 第○号議案　取締役の報酬額決定の件
>
> 　議長は議案の件について、第○期定時株主総会の決議により承認を受けた取締役の報酬等の総額の範囲内で、各取締役の具体的な報酬金額（使用人兼務取締役の使用人分給与を除く。）の決定については、代表取締役社長に一任することとしたい旨を述べ、一同に諮ったところ、全員異議なく承認可決した。

　極めて規模の小さい法人の場合、代表取締役からの「取締役報酬決定通知書」のような通知書だけでもエビデンスとして足ります。

　また、取締役会で決定する場合、「令和○年○月○日（令和○年○月○日支給分から）」の明記が絶対に必要になります。

　書証として疎明力をより高めるため、会社法上の規制はありませんが、法務局に届けられている印を押していることが望ましいあり方です。一方、取締役会に委任した場合の取締役会議事録においては会社法上「出席した取締役及び監査役」の署名又は記名押印が求められていることから、それに従います（会社法369条3項）。

　また、定期同額給与との関係から例えば「6月25日から開始する新しい職務執行期間に係る最初の支給時期は7月末から一定」ということでも問題はありません。この要件を満たしていることを明白にするため、議事録では定時株主総会開催日から開始する新しい職務執行期間に係る最初の支給時期がいつかも明記しておくべきです。

重要情報1

〇報酬の限度額を間違えて記載してしまい形式基準で否認された事例

　山形地裁昭和38年（行）第2号審査決定取消等請求事件（棄却）（確定）（TAINSコード Z 044-1458）

　（判決要旨一部抜粋）

　（2）原告は創立総会において「取締役及び監査役の報酬支出の件」が審議され、原告の将来の発展を期してこれら役員に対する報酬は各自

年額50万円以内とし、その支出方法は取締役会に一任することに定められたもので、その議事録には単に、「年額50万円内」との記載があるが、これは同議事録作成の際「各自年額50万円以内」と記載すべきところ「各自」の2字を脱落して記載されたに過ぎず、従って支給限度超過額はないと主張するが、イ）右報酬の支出方法については取締役会の議決がなく、税務調査当時にはいまだ限度額の変更がなかったこと、ロ）非常勤役員3名に対し設立以来3年間は全く報酬支給がなく、他の2名の常勤役員に対し設立後3年間に支給された報酬総額はいずれも年50万円に満たなかったこと、ハ）創立総会の本議案の承認状況、ニ）関与税理士が原告会社の事業規模等から年額50万円以内との限度額の定めは役員全員に関するものとして相当であると考えていた事実、ホ）調査担当者に対する原告代表者等の答弁等の事実を総合して考えれば、原告方の限度額に関する定めは役員全員につき定められたものであると認めるのを相当とする。

　したがって、被告税務署長が3事業年度における原告の役員報酬支給総額のうち限度額50万円を超える部分をいずれも損金に算入せず、所得金額として扱ってなした本件各更正決定には何等の違法は存しない。

重要情報2

○報酬の限度額を間違えて記載してしまい形式基準で否認された事例

　（過大役員報酬／形式基準限度額）取締役会において役員ごとに定められた役員報酬の支給限度額の総額が、株主総会の決議で定められた役員報酬の総額を上回っている場合は、支給限度額が総額で定められている場合として判定することとなり、取締役会決議額を形式基準限度額とすることはできないとされた事例（平20-03-04裁決）（TAINSコードF0-2-327）

　議事録の重要性、すなわち株主総会等の開催が重要になります。無数の論点が存在するため、株主総会等の決議の取消しが争点となった事例は確認すべき事項となります。

　下記ではそもそも株主総会等の決議の取消しが争点となった事例として代表的なものを列挙します。

重要情報3

〇取締役会決議の有効性／深夜の電子メールによる招集通知と特段の事情

（平29－04－13　東京地裁　棄却　控訴　TAINSコード　Ｚ999－6156）

　本件は、原告（Ａグループの創業者・93歳）が、被告Ａ社の取締役会における原告を代表取締役から解職する旨の決議（本件決議）は、原告に対する適法な招集通知が行われなかった瑕疵により無効であると主張して、Ａ社に対し、本件決議が無効であることの確認を求めた事案です。東京地裁は、次のように判示して原告の請求を棄却しました（東京高裁・棄却・確定）。

　原告が自らパソコンを操作することがないこと等を考慮すると、招集通知メールがメールサーバに記録されたことをもって、原告の了知可能な状態に置かれた（支配圏内に置かれた）ということはできない。加えて、取締役会前日の深夜のメール送信であって、実質的に見ても招集通知がされたと評価することは困難である。

　しかし、本件取締役会には、原告を除く取締役ら全員が出席しており、そのうち棄権した原告の次男を除く全員の賛成をもって本件決議が成立している。

　原告を除く取締役らは、取締役会の前夜、顧問弁護士も交えて協議をし、原告の長男が判断能力の低下した原告を利用してＡ社に混乱をもたらすことなどを防止するために、原告を代表取締役から解職するとの意見を形成するに至っている。

　以上によれば、原告がＡ社の取締役会において相当に強い影響力を有していたことなどを考慮しても、原告が本件取締役会に出席してもなお本件決議の結果に影響がないと認めるべき特段の事情があるというべきである。したがって、招集手続の瑕疵は決議の効力に影響がないものと

して、本件決議は有効になる。

重要情報4

○株主総会決議の取消しの訴え／準共有株式に係る議決権行使の適法性・決議方法

　（最高裁判所第一小法廷平成25年（受）第650号株主総会議決取消請求事件（棄却）（確定）平成27年2月19日判決（判示事項）TAINSコードＺ999−5316）

1　本件は、被上告人（株式の共有者）が、臨時株主総会の決議（本件各決議）には決議の方法等につき法令違反があると主張して、上告人（特例有限会社）に対し、会社法831条1項1号に基づき、本件各決議の取消しを請求する訴えである。会社法106条《共有者による権利の行使》本文の規定に基づく指定及び通知を欠いたままされた本件議決権行使（Bによる準共有株式の全部についての議決権の行使）が、同条ただし書の上告人の同意により適法なものとなるか否かが争われている。

2　会社法106条本文は、「株式が二以上の者の共有に属するときは、共有者は，当該株式についての権利を行使する者一人を定め、株式会社に対し、その者の氏名又は名称を通知しなければ、当該株式についての権利を行使することができない。」と規定しているところ、これは、共有に属する株式の権利の行使の方法について、民法の共有に関する規定に対する「特別の定め」（同法264条ただし書）を設けたものと解される。

3　その上で、会社法106条ただし書は、「ただし、株式会社が当該権利を行使することに同意した場合は、この限りでない。」と規定しているのであって、これは、その文言に照らすと、株式会社が当該同意をした場合には、共有に属する株式についての権利の行使の方法に関する特別の定めである同条本文の規定の適用が排除されることを定めたものと解される。

4　そうすると、共有に属する株式について会社法106条本文の規定に

基づく指定及び通知を欠いたまま当該株式についての権利が行使された場合において、当該権利の行使が民法の共有に関する規定に従ったものでないときは、株式会社が同条ただし書の同意をしても、当該権利の行使は、適法となるものではないと解するのが相当である。

5　そして、共有に属する株式についての議決権の行使は、当該議決権の行使をもって直ちに株式を処分し、又は株式の内容を変更することになるなど特段の事情のない限り、株式の管理に関する行為として、民法252条《共有物の管理》本文により、各共有者の持分の価格に従い、その過半数で決せられるものと解するのが相当である。

6　これを本件についてみると、本件議決権行使は会社法106条本文の規定に基づく指定及び通知を欠いたままされたものであるところ、本件議決権行使の対象となった議案は、①取締役の選任、②代表取締役の選任並びに③本店の所在地を変更する旨の定款の変更及び本店の移転であり、これらが可決されることにより直ちに本件準共有株式が処分され、又はその内容が変更されるなどの特段の事情は認められないから、本件議決権行使は、本件準共有株式の管理に関する行為として、各共有者の持分の価格に従い、その過半数で決せられるものというべきである。

7　そして、事実関係によれば、本件議決権行使をしたＢは本件準共有株式について２分の１の持分を有するにすぎず、また、残余の２分の１の持分を有する被上告人が本件議決権行使に同意していないことは明らかである。そうすると、本件議決権行使は、各共有者の持分の価格に従いその過半数で決せられているものとはいえず、民法の共有に関する規定に従ったものではないから、上告人がこれに同意しても、適法となるものではない。

8　以上によれば、本件議決権行使が不適法なものとなる結果、本件各決議は、決議の方法が法令に違反するものとして、取り消されるべきものである。これと結論を同じくする原審の判断は、是認することができる。

重要情報5

○総会決議の無効／先行の選挙の取消しと後任理事を選出する後行の選挙の効力

（最高裁判所（第一小法廷）平成31年（受）第558総会決議無効確認等請求事件（破棄差戻し）TAINSコード Z 999－6164）

事業協同組合の理事を選出する選挙の取消しを求める訴えに、同選挙が取り消されるべきものであることを理由として後任理事等を選出する後行の選挙の効力を争う訴えが併合されている場合には、特段の事情がない限り、先行の選挙の取消しを求める訴えの利益は消滅しないものと解するのが相当であると判断された事例。

本件は、事業協同組合の理事を選出する本件選挙 1 等について、その取消しを求めるとともに、上記選挙中の理事の選出に関する部分を取り消す旨の判決の確定を条件に、本件選挙 1 で選出された理事による理事会がした招集決定に基づき開催された総会において行われた被上告人の役員選挙（本件選挙 3 等）の不存在確認を求める事案です。

原審では、本件選挙 1 が取り消されるべきものであるか否かにかかわらず事実審の口頭弁論終結時において本件選挙 3 等は適法であったのであるから、本件選挙 1 の取消しを求める訴えの利益があるとはいえないとして、本件各取消請求に係る訴え及び本件各不存在確認請求に係る訴えは不適法であると判断しました。

しかし、最高裁では、本件選挙 1 の取消しを求める訴えに、本件選挙 1 が取り消されるべきものであることを理由とする本件各不存在確認請求に係る訴えが併合されており、本件選挙 1 の取消しを求める訴えの利益が消滅したとはいえないと判断し、原審の判断には法令の違反があるとして、原判決を破棄し、本件選挙 1 の取消事由の存否等について更に審理を尽くさせるため、本件を原審に差し戻しました。

【取締役の報酬額を期中改定】

取締役会議事録

第○号議案　取締役の報酬額改定の件

　議長は、改定理由そして、取締役報酬の月額を以下のとおり改定したい旨を諮ったところ、出席取締役全員の賛成を得たので原案どおり承認可決した。

　氏名
　役職
　改定前
　改定後

※上記改定理由　→　記載では足りない　→　エビデンスが必要★1

〈記載例〉

○株主との関係

　「別紙資料に基づき、会社の業績が当期に入ってから著しく悪化し、第2四半期決算で○○億円の純損失を計上した。また、（上場会社）年度決算においても○○億円の当期純損失となる見込みであることを説明した。ついで、株主に対し役員としての経営上の責任を明確に示す必要がある旨を述べ、については、取締役の報酬額を減額したい旨を述べた。」★2

○銀行との関係

　「業績の悪化に伴い、取引銀行○○銀行と借入金返済のリスケジュールについて交渉したところ、役員給与の減額を条件として、リスケジュールの承諾を得られる見込みであることを説明し、取締役の報酬額を減額したい旨を述べた。」

○地位の変更

　「取締役○○○○は、第○号議案の承認により令和○○年○月○日付で常務取締役に選任されたことから、報酬額を増額したい旨を述べた。」

○病気　→　ＦＡＱも参照のこと

　「取締役○○○○は、病気のため２か月間の入院が必要となり、当初予定されていた職務の執行が一部できない状態になったため、その期間中の報酬額を減額したい旨を述べた。」

★1

・改定理由はＦＡＱ等から抜粋します。

・事業計画書、将来キャッシュフロー計算書等のエビデンスは必須です。

・取締役の同意書が別途必要になります。

・全員分を記載します。

★2

　ＦＡＱでは、

　「上記①については、株主が不特定多数の者からなる法人であれば、業績等の悪化が直ち に役員の評価に影響を与えるのが一般的であると思われますので、通常はこのような法人が業績等の悪化に対応して行う減額改定がこれに該当するものと考えられます。 一方、同族会社のように株主が少数の者で占められ、かつ、役員の一部の者が株主である場合や株主と役員が親族関係にあるような会社についても、上記①に該当するケースがないわけではありませんが、そのような場合には、役員給与の額を減額せざるを得ない客観的かつ特別の事情を具体的に説明できるようにしておく必要があることに留意してください。」とあるため、同族特殊関係法人では事実上「○株主との関係」を適用することは非常に困難です。

ロ　実質基準

　下記を総合勘案します。

○「その役員の職務の内容」……社長以下職制上の地位、勤務状況、経営に関する関与状況、その役員の職歴、経験、個人的能力等の差も影響

○「その内国法人の収益」……売上高、伸び率、利益の状況

　これに関して最も代表的な事案として下記があります。役員給与の「不相当に高額」という基準について極めて慎重に取り扱いたいとの希望があれば、下記のように売上や利益比率連動を採用するのもひとつの手段です。

重要情報6

○名古屋地裁平成6年（行ウ）第13号法人税更正処分等取消請求事件（一部取消し）（確定）（TAINSコードＺ215－7696）

（判示事項一部抜粋）

（4）法人税法施行令69条（過大な役員報酬の額）に規定する適正報酬額の意義

（5）原告会社の代表者に対する適正報酬額は、類似法人の平均報酬額を基準として原告会社と類似法人との売上金額等の差異を修正した額であり、当該金額を超える額は不相当な額であるとの課税庁の主張が、役員報酬は各法人においてその具体的事情に応じ個別的に定めているものであり、法人間で報酬額に多少の差異があるのが通常であるから、課税庁主張の適正報酬額を超える額が常に不相当な額であるということはできないとして排斥された事例

（6）平成3年3月期の売上金額を1億円と見込むことができたため、平成2年5月開催の株主総会において本件役員報酬の額を決定したのであり、本件役員報酬の額は右決定の経緯から過大ではないとの原告会社の主張が、適正報酬額は客観的相当額であるから、仮に原告が主張するような状況にあったとしても、適正報酬額は実際の平成3年3月期の売上金額6,810万円に基づいて認定すべきであるし、また、適正報酬額は売上金額のみによって決まるものでないとして排斥された事例

（7）中略

（8）原告会社の代表者に対する役員報酬額は、原告会社の売上金額の対前年度増加比率及び使用人給与総額は類似法人の平均値に近似して

いるが、個人換算所得は類似法人1.4倍、使用人給与最高額は同1.3倍、役員報酬の額は類似法人の平均値の2.53倍であり、類似法人最高額の２倍であるから、類似法人と比較して著しく高額であるとされた事例

（9）原告会社の代表者に対する適正役員報酬額は、原告会社の収益の伸び率及び類似法人における役員報酬の支給状況等に照らして、前年度報酬額の1.53倍（売上金額の伸び率）を超えることはないとされた事例

○「使用人に対する給与の支給状況」……使用人のうち最高額を受けている者との比較
○「類似法人の役員報酬の支給状況」……同一あるいは周辺の税務署管内で同種の事業を営む、いわゆる同業者で事業規模が類似し収益状況も類似するような法人の役員で地位や勤続年数等を同じくする者に対する役員報酬額との比較
これに関して最も代表的な事案として下記があります。

重要情報7

○不相当に高額な役員報酬／美術品製造販売業の類似法人の選択

（岐阜地裁昭和49年（行ウ）第８号、昭和51年（行ウ）第１号、昭和53年（行ウ）第14号法人税更正等処分取消請求事件（棄却）（確定）TAINSコードＺ120－4823）

（判示一部抜粋）

4　次に実質的基準に基づいて判断する。

前記のように、実質的基準について令69条１号は、イ）当該役員の職務の内容、ロ）その法人の収益及び使用人に対する給料の支給状況、ハ）類似法人の役員に対する報酬の支給の状況、ニ）その他の事情を勘案すべき旨を定めている。

原告はこの点について、実質的基準による適正報酬額は、まず何よりもその会社の業種、規模、所在地、収益、使用人に対する給料の支払状況及びその取締役等の業務内容など事業活動の実態に即して客観的に定

められるべきであって、業種、規模等の類似する他の法人における役員
報酬額をもって適正額とする扱いは便法にすぎず、他に認定の方法がな
い場合に限り一応の参考とする手段にすぎないと主張する。

　しかしながら令69条1号が類似法人における役員報酬額を、原告主
張のように単に他に認定の方法がない場合の一応の参考にすぎないとみ
ているものでないことは文理上明らかである。

　のみならず、役員報酬額が客観的に適正か否かを判断するについては、
類似法人における額との比較は不可欠というべきである。

　ただし、当該役員の職務の内容やその法人の収益及びその使用人に対
する給料の支給の状況等の事情のみによって、役員報酬として適正な額
を客観的に決定することは著しく困難であり、いきおいその判断は恣意
に流れやすくすることが自明だからである。

　そこで以下令69条1号掲記の各事情について検討する。

（1）役員の職務の内容

　係争年度全部を通じ、原告の取締役の地位にA、B及びCの3名が就い
ていたこと並びに昭和46年6月30日現在の役員の職務の状況等が別紙
3記載のとおりであることは原告において明らかに争わないからこれを
自白したものとみなす。

　そして原告会社代表者尋問の結果並びに証人D及び同Eの各証言によ
れば、Aは代表取締役の地位にあるとはいうものの高齢のため代表取締
役のなすべき対内的、対外的な職務執行のほとんどすべてを息子のBに
委ねており、実質的には代表取締役としての職務を遂行しているとはい
えないこと、Bは、形式上は代表取締役ではないが、実質的には代表取
締役として会社業務の全般的指揮監督をなしており、かつ美術品の製造
等の営業活動に直接関与し、その遂行にあたっていること、Cは、家事
をも担当している関係で取締役の職務に専念しているわけではないこ
と、右（上——著者）3名の右（上——著者）のような職務の状況は本
件各係争年度のみならず、少なくともその前事業年度においても同様で
あったこと、以上の事実が認められる。

　原告は、特にBの特別の能力及び肉体的限界に迫る業務量を強調するが、特別の能力自体は職務の内容の構成要素でないことは明らかであり、また肉体的限界に迫る業務量というも、その判断は極めて主観的であり、何をもって肉体的限界というのかはなはだあいまいである。

　したがって、被告のなした原告の取締役の職務内容の把握は何ら不当ではない。

（2）法人の収益及び使用人に対する給料の支給状況

　（1）乙第13号証の1ないし5及び第21号証によれば、原告の収益状況が別紙4記載のとおりであると認められる。

　一方、乙第13号証の1によって認められる、第1係争年度の前年の事業年度すなわち昭和44年7月1日から昭和45年6月30日までの事業年度における原告の役員報酬額が420万円（A）、630万円（B）、222万円（C）であった事実と、2の1に認定の各係争年度における申告役員報酬額（別紙2）をもとに、右役員報酬額の対前年比率を算定すれば次のとおりとなる。（小数点以下四捨五入した百分比）

年度	A	B	C	〔売上額〕
第1係争年度	193	162	158	131
第2係争年度	104	135	117	139
第3係争年度	100	105	102	151
第4係争年度	126	123	126	123
第5係争年度	123	127	123	122

　右（上──著者）によれば、第1係争年度において、売上金額の伸び率に比較して役員報酬額の伸び率が異常に高いことが明らかである。

　（2）次に使用人に対する給料の支給状況について検討する。

　乙第13号証の2ないし5、同第21、22号証によって認められる、各係争年度におけるイ）従業員に対する総支給金額（決算報告書中の経常損益の部欄3販売費及び一般管理費の給料手当に記載の額）、及びロ）使用人数（法人の事業概況説明書中の期末従業員の状況欄記載の人数。但し第5係争年度については月末工員数の平均値（小数点以下切捨）に

期末従業員の状況欄の販売員、事務員の数を合計したもの）、と右（上
──著者）数値をもとに算出されるハ）従業員１人あたりの平均給与額
（イ）／ロ）、円未満切捨）は次のとおりである。

年度	イ	ロ	ハ
第１係争年度	2,898万4,494円	87人	33万3,155円
第２係争年度	4,823万8,666円	102人	47万2,928円
第３係争年度	6,029万4,642円	104人	57万9,756円
第４係争年度	8,980万5,041円	113人	79万4,734円
第５係争年度	1億1,811万7,099円	117人	100万9,547円

　ところで、乙第10号証の１ないし５、同第20号証によって認められ
るＦ県下における産業大中分類（その他製造業）常用労働者の男性１人
平均給与額及び全平均給与額は次のとおりであるから、これと比較して
原告の使用人の受給額が著しく低額であることは明白である。

年度	男性１人平均給与額	全平均給与額
第１係争年度	82万1,000円	64万1,880円
第２係争年度	99万7,000円	78万2,770円
第３係争年度	120万9,000円	95万0,782円
第４係争年度	165万0,000円	132万9,233円
第５係争年度	195万1,000円	164万2,838円

　また、原告の営業態様に卸売、小売業が含まれる点に着目し、右の産
業大中分類のうち卸売業、小売業とその他製造業との比較を試みると、
卸売業、小売業の平均給与額がその他製造業の平均給与額を上回ってい
ることが明らかとなるから、原告の従業員の給与が著しく低額であるこ
とが更に顕著となる。
　原告は、原告の使用人に対する支給給与額につき、従業員の年令構成
の特殊性を考慮すると低額ときめつけることは不当であると主張する。
　しかし、乙第15号証の１並びに証人Ｄ、及び同Ｅの各証言によれば、
原告の従業員のＧ（昭和15年生、昭和37年採用）は原告の従業員中最

も高い給与の支払を受けているものであるが右（上——著者）Gの昭和46年における給与合計額は85万8,000円であると認められるところ、乙第14号証の1、2によれば昭和46年賃金構造基本統計調査報告の第5巻F県の製造業男子労働者（30歳ないし34歳）の給与合計額は102万1,900円であって、年齢、勤続年数を考慮しても原告従業員の給与が低いとの結論が導き出されるから、原告の主張は根拠がない。

（3）類似法人における役員報酬の支給状況

　（1）乙第1、第3、第6、第7、第16及び第17号証並びに弁論の全趣旨によれば、被告が各係争年度を通じ原告の業種を美術品の製造販売及び額縁の製造販売並びに書画材料の販売業ととらえ、これと同種の営業を営みかつ規模の類似する（その基準は別紙5記載の選定基準のとおり）法人に対する課税事績を東京、大阪、名古屋、岐阜の各税務署に求めたことが認められる。

　この点について原告は、原告の営業種目のうちの96ないし97パーセントが肉筆掛軸の製造販売によって占められているにもかかわらず、被告はこの点を看過し漫然と原告の業種を美術品の製造販売等と認定したものであって、この業種認定は不当であると主張する。

　しかしながら、証人Dの証言によれば、原告は掛軸の製造販売のほか額縁の製造販売、絵画、美術品、画材、原材料の販売、画廊の経営を行なっていることが認められ、乙第13号証の2ないし5及び第21号証によれば、原告自身の作成にかかる各係争年度の確定申告書の事業種目欄には「美術品の製造販売」と記載されており、右係争年度を通じ、法人の事業概況説明書にも、その事業の業種の内容欄に「画布、表装諸材料、掛軸、日本画、洋画その他美術品額縁附属品の製造及び販売」と記載されていることが認められるのである。

　そうしてみれば、被告が原告の業種を美術品の製造販売及び額縁の製造販売並びに書画材料の販売業ととらえたことに誤りはないというべきであり、仮に、原告主張のとおり肉筆掛軸の製造販売がその売上の大部分を占めているとしても、営業種目の認定を左右する事情にはあたらない。

（中略）

（3）原告は、別紙6ないし10記載の事実が認められるとしても、被告が類似法人として掲げる法人の中には原告と同種の事業を営む法人は1社も存しないと主張する。しかしながら、なるほど別紙6ないし10の事業種目欄の記載を形式的に比照すると原告と全く同一の事業を営んでいる法人は存しないかのごとくであるが、右に記載の法人はいずれも原告の営業種目のうちのひとつ又はそれ以上の数の事業をその営業種目としているのであるから、いずれも原告と同種の事業を営む法人と認めるに支障はないというべきである。

また、原告は、同種法人の選択は推計課税と同様に厳格に行なわれるべき旨を主張するが、令69条1号が推計課税を定めたものでないことは明らかであるばかりでなく、同種法人の選択が前述のように役員報酬として客観的に相当である額を算定する資料、指標を得るための手段であることに鑑みれば、推計課税と同様の厳格性を要求する必然性はない。

（4）そこで、以上によって得られた各係争年度ごとの同種の事業を営む法人の事業規模の各項目の平均値と、原告の右に対応する値とを比較すれば、その事業規模はほぼ類似するといいうる。

すなわち、各係争年度を通じ売上金額の比較においては類似法人の平均値の方がはるかに大きく、従業員数においては原告の方が大きいのであるが、期末資産合計額、並びに所得金額及び役員報酬額の合計額のいずれにおいてもほぼ近似している。

しかるに、役員報酬額においては、類似法人に比して原告がはるかに高額である。これを、売上金額と役員報酬額との関連においてグラフに示せば別紙11の1ないし3、12の1、2、13の1、2、14の1、2、15の1、2のとおりとなり、右の事実が明らかとなる。（なお、第2係争年度以降については、前述のとおり、Bが代表取締役としての職務を実質的に行なっていると認められる点に鑑み、Bの報酬額と類似法人の代表取締役の報酬とをあわせて比較した。）

○「その他」……役員賞与や配当などの支配状況

　これらは後述の役員退職金不相当高額とほぼ同じ基準となります。

　先述のとおり、実質基準はエビデンスとして残すべきものがありません。ただし、それでは実務における当初支給時及び当局調査時点での決定、交渉ができません。したがって、何かしらの拠り所を求めることになります。

　そういった判断基準として代表的なものとして、

・ＴＫＣ経営指標（ＢＡＳＴ）

・法人企業統計年報特策

・民間給与実態統計調査

・東京商工リサーチレポート（ＴＳＲレポート）

・税務通信（税研）に定期的に付録される統計表

　等々、民間の給与データを次善の策として使わざるを得ません。

　これらはあくまで当初支給額決定時の基準、当局調査対応時の交渉時点でしか利用できません。係争機関になると納税者の主張は原則として認められません。

（2）役員退職金

イ　形式基準

　原則は株主総会等での①支給する旨②支給額の決定が必要となります。役員と法人とは準委任契約になるため、これがない場合は、法人税法上の債務確定基準を満たすことができません。

　会社法上の取締役の退任の事由で代表的なものとしては以下のものがあります。

○任期満了：定款・総会決議・法定（会社法332条）

　→（証拠）総会議事録、定款、膳本

○辞任：役員からの辞任の意思表示（民法651条）

　→（証拠）辞任届（議事録等）

○解任：株主総会決議（会社法339条）

　→（証拠）株主総会議事録

○死亡：取締役の死亡（民法653条）

　→（証拠）戸籍謄本等

　また、「役員」が退任した場合は、速やかに登記が必要です。

　なお、議事録の記載に根本的な誤りがある場合には、証拠として意味をなしません。

　典型的なケースとして、

・海外居住者

・国内でも遠方勤務者

・学生

　等々が出席株主数にカウントしてあったり、出席取締役として記載してあったりする場合、事実の証明が別途必要になります。

　先述のとおり、実体にそぐわない議事録を作成し、それを根拠に否認された場合、重加算税の対象になります。

　法人税法では、「退職した役員」に対し、「支給した退職給与」のうち、不当に高額な部分として政令で定める金額は、損金の額に算入できない（法人税法34条2項）とあります。

○会社法上の役員……取締役、会計参与、監査役（会社法329条1項）

○法人税法上の役員……取締役、執行役、会計参与、監査役、等々

　　　　＋

　これら以外の者で法人の経営に従事している者のうち一定のもの（法人税法2条15号、法人税法施行令7条）

　となり、会社法の役員≠法人税法の役員を意識します。法人税法上の役員のほうが広範なため、当該カウントを間違えると形式基準に抵触することになります。

　法人税法上の役員の範囲については、

　「相談役、顧問その他これらに類する者でその法人内における地位、その行う職務からみて他の役員と同様に実質的に法人の経営に従事していると認められるものが含まれる」（法基通9－2－1）

　分掌変更通達の箇所でも同じことがいえますが、名誉職である「会長」「相談役」「顧問」という肩書を付してはなりません。この場合、実態の

説明は必ず必要となります（平18.11.28裁決参照）。

重要情報8

○「**調査に生かす判決情報**」第71号　平成29年3月　〜判決（判決速報No.1417【法人税】）の紹介〜　東京国税局課税第一部国税訟務官室

　特許業務法人の社員は、法人税法上の役員であり、使用人兼務役員には該当しない。

　※特許業務法人とは、弁理士が弁理士業務を共同で行うために設立する法人である。

（事件の概要）

1　X（原告会社）は、弁理士法に基づき設立された特許業務法人であり、代表社員以外の社員3名（以下「本件社員ら」という。）に対し、報酬に関する契約に基づき、毎月一定額の固定給のほか、歩合給を実績給又は賞与として支給していた。

2　Xは、平成20年3月期ないし平成24年3月期において、上記の固定給及び歩合給の全額を損金の額に算入して法人税の確定申告書を提出した。

3　Y（課税庁）は、Xに対する税務調査において、本件社員らは法人税法2条15号の役員に該当し、同法34条1項の使用人兼務役員には該当せず、また、本件社員らに支給した歩合給は定期同額給与等に該当しないことから、損金の額に算入されないなどとして、平成25年5月28日付で上記各事業年度の法人税の各更正処分を行った。

4　これに対しXは、上記各更正処分を不服として、その取消しを求めて本訴を提起した。

（本件の主な争点等）

1　本件社員らは法人税法上の役員に該当するか否か（争点1）

（Xの主張）

　Xにおいては、代表社員のみが代表権を有し、法人の経営に従事している一方、本件社員らは、経営に従事せず、従業員である弁理士と同様に日常の弁理士業務を行っているだけであり、法人税法2条15号に規

定する「法人の経営に従事している者」に当たらないから、本件社員らは役員には該当しない。

（国の主張）

特許業務法人の社員は、全ての社員が業務を執行する権利を有し、義務を負うとされ（弁理士法46条）、この業務を執行する権利は、法人の経営に関する事務の執行を含み、定款等によっても制限することはできず、また、代表社員を定めたとしても他の社員は、代表権以外の業務を執行する権利を有するとされている（同法47条の２）。

したがって、本件社員らは、特許業務法人の経営に従事する権限を有する地位にあるものとして、具体的な権限行使を問うことなく役員に該当する。

2　本件社員らが役員に該当する場合、使用人兼務役員に当たるか否か（争点２）（Ｘの主張）

本件社員らは、仮に役員に該当するとしても、グループ長として、他の従業員である弁理士と同様、弁理士としての日常の職務を行っているのみであって、Ｘの経営に全く従事してはいないことからすれば、法人の使用人としての職制上の地位を有し、かつ、常時使用人としての職務に従事するものといえ、使用人兼務役員に該当する。

（国の主張）

特許業務法人の社員は、定款によっても制限できない特許業務法人の業務を執行する権利を有し、義務を負う（弁理士法46条）のみならず、代表者を選任する権限を有すること（同法47の２第２項）、特許業務法人の財産をもってその債務を完済することができないときは、各社員は、連帯してその弁済の責めに任ずるとされること（同法47の４第１項）等から、特許業務法人の社員は、同位の立場で出資をして特許業務法人を設立し、経営に当たるものであって、使用人としての職制上の地位を有し、かつ、常時使用人としての職務に従事するものとはおよそいえず、使用人兼務役員には該当しない。

（裁判所の判断等）

1　役員該当性について（争点1）

（1）法人税法2条15号の規定は、役員に該当する者として、法人の取締役等という法人の経営に従事していると一般的・類型的に評価し得る地位・職責を有する者を列挙し、これらの者については、当該個々の法人において具体的にどのような内容の職務に従事しているかを問うことなく、一律に役員に該当するものとしている。したがって、同号及び同法施行令7条1号にいう「法人の経営に従事している」者とは、法人内における地位・職責からみて法人の経営に従事していると一般的・類型的に評価し得る者を指し、このような者に該当する者であれば、当該個々の法人における具体的な職務の内容を問わないものと解するのが相当である。

（2）弁理士法上、特許業務法人の社員は、全ての社員がその業務を執行する権利を有し、義務を負うとされる上、定款又は総社員の同意によって代表社員が定められた場合であっても、代表権以外の業務を執行する権利を有するものと解され、また、特許業務法人の財産をもってその債務を完済することができないときは、各社員は、連帯してその弁済の責めに任ずるとされる。そして、業務の執行をする権利の対象については、特許業務法人の経営に係る業務の執行を含むというべきである。

したがって、上記の権限や責任を伴う特許業務法人の社員は、法人の経営に従事していると一般的・類型的に評価し得るものであり、役員に該当すると解されるから、その地位にある本件社員らは、Xにおける具体的な職務の内容にかかわらず、Xの役員に該当するというべきである。

2　使用人兼務役員該当性について（争点2）

（1）法人税法34条5項が「社長、理事長その他政令で定めるもの」を使用人兼務役員から除いているのは、これらの役員が、法人との間で雇用契約等に基づく事業主と使用人との関係に立つものではなく、その従事する具体的な職務の中に使用人が行う職務と同種の職務が含まれている場合であっても、それは使用人としての立場で従事するものではない（法人との間の委任契約等を根拠とするものである）と一般的・類型

的に評価し得るからであると解される。そして、使用人としての職制上の地位を有さず、又は、使用人としての立場でその職務に従事しているものではないと一般的・類型的に評価し得る役員は、「部長、課長その他法人の使用人としての職制上の地位を有し、かつ、常時使用人としての職務に従事するもの」と定義される使用人兼務役員には含まれないから、このような役員は、使用人兼務役員に該当しないと解するのが相当である。

（２）特許業務法人の社員は、法人税法34条５項の「社長、理事長その他政令で定めるもの」には該当しないが、特許業務法人の経営に係る業務を含む業務の執行をする権利を有し、定款又は総社員の同意によって代表社員が定められた場合であっても、代表権以外の業務を執行する権利を有するものと解されるところ、業務を執行する役員と特許業務法人との関係には民法の委任に関する規定が準用され（弁理士法55条１項、会社法593条４項）、両者は一般には雇用契約等に基づく使用人と事業主との関係に立つものではないというべきであるから、弁理士である役員が従事する具体的な職務の中に使用人である弁理士が行う職務と同種の職務が含まれている場合であっても、それは使用人としての立場で従事するものではないと一般約・類型的に評価し得るものである。

したがって、特許業務法人の社員は、一般には、使用人としての立場でその職務に従事するものではないと一般的・類型的に評価し得る役員として、使用人兼務役員に該当しないものというべきであり、本件社員らは、上記のような特許業務法人の社員としての地位を有するものであるから、使用人兼務役員には該当しないというべきである。

（国税訟務官室からのコメント）

1　役員該当性について（争点１）

（１）法人税法２条15号は、役員について「法人の取締役、執行役、会計参与、監査役、理事、監事及び清算人並びにこれら以外の者で法人の経営に従事している者のうち政令で定めるものをいう。」と規定しているところ、本件においては、特許業務法人の社員である本件社員らが「法人の経営に従事している者に該当し、法人税法上の役員に該当する

かが争点となった。

（2）Xは、法人税法2条15号が、「法人の経営に従事している者」と規定していることを根拠に、実際に経営に従事している代表社員のみが「法人の経営に従事している者」に該当し、使用人である弁理士と同様に、弁理士としての日常の職務に従事し、Xの経営に従事していない本件社員らは役員に当たらない旨主張した。

（3）裁判所は、「法人の経営に従事している者」とは、「実際に従事している職務内容」ではなく、法人内における「地位・職責」からみて法人の経営に従事していると一般的・類型的に評価し得る者を指すとし、特許業務法人の社員は、業務を執行する権利（以下「業務執行権」という。）を有し、当該業務執行権には、経営に係る業務の執行が含まれること、代表社員を定めても代表権以外の業務執行権を有すると解されること、また、特許業務法人の財産をもってその債務を完済することができないときは、各社員は、連帯してその弁済の責めに任ずる（無限責任）とされていることから、法人の経営に従事していると一般的・類型的に評価し得るものであり、特許業務法人の社員は、役員に該当するとして、Xの主張を退けた。

2　使用人兼務役員該当性について（争点2）

（1）法人税法34条5項は「使用人としての職務を有する役員とは、役員（社長、理事長その他政令で定めるものを除く。）のうち、部長、課長その他法人の使用人としての職制上の地位を有し、かつ、常時使用人としての職務に従事するものをいう。」と規定し、同項を受けた同法施行令71条は、その1項において使用人兼務役員とされない役員を掲げているところ、本件においては、特許業務法人の社員が、同項各号に掲げる者に該当しないことは争いがなく、本件社員らが、「常時使用人としての職務に従事するもの」に該当するか否かが争点となった。

（2）Xは、上記1（2）と同様に、本件社員らは、弁理士としての日常の職務を行っているのみであり、Xの経営に従事していないことから、「常時使用人としての職務に従事するもの」に当たり、使用人兼務役員に該当する旨の主張を行った。

（3）裁判所は、「社長、理事長その他政令で定めるもの」には該当しないが、それらの者と同様に、使用人としての立場でその職務に従事しているものではないと一般的・類型的に評価し得る役員は、使用人兼務役員に該当しないと解するのが相当であるとし、特許業務法人の社員は、経営に係る業務を含む業務執行権を有し、代表社員を定めても代表権以外の業務執行権を有すると解されること、社員と特許業務法人との関係には、委任に関する規定が準用され、両者は雇用関係に基づく使用人と事業主との関係に立つものではないことを挙げ、社員が、使用人である弁理士と同種の職務に従事する場合であっても、それは使用人としての立場で従事するものではないと一般的・類型的に評価し得るものであり、社員は、使用人兼務役員に該当しないとして、Ｘの主張を退けた。

（4）なお、Ｘは、本件社員らの職制上の地位について、法人の使用人としての職制上の地位を有すると認められないとしても、法人税基本通達９－２－６（機構上職制の定められていない法人の特例）にあるように、常時従事している職務が他の使用人の職務の内容と同質であると認められるから、使用人である弁理士と同質の職務を行う本件社員らは、使用人兼務役員に該当する旨主張したところ、裁判所は、一般的・類型的に使用人兼務役員から除かれる役員には、法人税基本通達９－２－６は適用されないとして、Ｘの主張を退けた。

この裁判所の判断は、「社長、理事長その他政令で定めるもの」に該当しない役員であっても、自らが有する業務執行権に基づいて職務に従事するなど、使用人としての立場で職務に従事しているものではないと一般的・類型的に評価し得る役員は、いかなる職務に従事したとしても、それは使用人として職務に従事しているとは認められないことから、このように評価される役員については、上記法人税基本通達は適用されないと判断されたものと考えられる。

3　調査において参考となる事項

（1）本件の判決は、特許業務法人の社員の役員該当性及び使用人兼務役員該当性を判断するに当たり、法人税法２条15号の「法人の経営に従事している者」、及び、同法34条５項において使用人兼務役員から

除かれる役員についての解釈を示し、一般的な法人税法上の役員該当性及び使用人兼務役員該当性について判示した上で、弁理士法の規定を基に、社員の有する業務執行権、その対象範囲、責任の在り方及び社員と特許業務法人との関係を検討し、その判断がされている。

　したがって、当該判決に示された法人税法の解釈は、特許業務法人に限らず、他の法人における税務調査においても参考になると思われる。（※下線筆者）

　（2）本件の判決は、上記「裁判所の判断等」のとおり、特許業務法人の社員の法人内における地位・職責等について弁理士法の規定のみに基づいて判断がされており、Xにおける本件社員らの実際の地位や同人らが実際に従事している職務の内容については、判断の要素としていない。

　しかしながら、自由職業資格（いわゆる士業）法人においては、各士業によって、その設立の根拠となる法令が異なる。そのため、当該法人の社員の業務執行権の有無、当該業務執行権の対象範囲、また、当該法人とその社員はいかなる関係にあるのかなど、各士業法人に係る根拠法令や当該法令が準用する他の法令等を十分に検討する必要があるので留意されたい（例えば、弁護士法に基づく弁護士法人の場合、社員の業務執行権について、定款に別段の定めを設けることができ（弁護士法30条の2）、業務執行権を有しない社員を置くことが可能であるとされている。）。（※下線筆者）

　なお、国税庁ホームページの質疑応答事例において、税理士法に基づく税理士法人の社員は、役員に該当し、使用人兼務役員には該当しない旨の見解が示されているので参考にされたい。

　（3）上記のとおり、各士業法人に係る根拠法令上の社員の取扱いが同一ではなく、弁護士法人のように業務執行権を有しない社員が存在し得るなど、必ずしも各士業法人に係る根拠法令の規定のみで法人税法上の役員該当性や使用人兼務役員該当性が判断されるとは限らない。また、本件の訴訟の過程においては、使用人兼務役員とされない役員を定めた法人税法施行令71条各号には具体的な士業法人の名称が掲げられてい

ないこともあってか、裁判所から、本件社員らと使用人である弁理士との勤務実態や給与形態等の比較を求められた。

　したがって、<u>士業法人の税務調査において、当該法人の社員に係る法人法上の役員該当性等の判断を行うに当たっては、各士業法人に係る根拠法令等の検討のほか、判断の前提となる事実として、社員の法人内における地位や実際に従事している職務の内容、使用人の勤務実態なども検討し、これらを確認できる証拠資料を収集・保全しておく必要がある。</u>（※下線筆者）

○**役員退職給与支給決議**（株主総会議事録　取締役会　代表取締役には委任しないで生前に給付する場合）

> 第○号議案　退任取締役に対する退職慰労金贈呈の件
>
> 　議長は、令和○年○月○日付けで退任する取締役○○○○の退任に伴い、在任中における慰労に報いるため、退職慰労金○○○○万円を令和○年○月○日までに銀行振り込みによる方法による支給したい旨を述べ、議場に諮ったところ、満場異議なく賛成可決した。

○**役員退職給与支給決議**（株主総会議事録　取締役会　代表取締役委任して生前に給付する場合）

> 第○号議案　退任取締役に対する退職慰労金贈呈の件
>
> 　議長は、令和○年○月○日で退任する取締役○○○○の退任に伴い、在任中における慰労に報いるため、退職慰労金を支給したい旨を述べ、本総会においてはその贈呈の総額を金○○○○万円と定め、また、具体的金額、贈呈の時期、方法などは、取締役会の決議に一任したい旨を述べ、議場に諮ったところ、満場異議なく賛成可決した。

○役員退職給与支給決議（株主総会議事録　取締役会　代表取締役に委任しないで死亡後に給付する場合）

> 第○号議案　退任取締役に対する退職慰労金贈呈の件
>
> 　議長は、当会社の取締役である○○○○氏が、令和○年○月○日に死亡により退任したため、その在任中における慰労に報いるため、退職慰労金○○○○万円を令和○年○月○日までに遺族代表者の口座への振込みにより支給したい旨を述べ、議場に諮ったところ、満場異議なく賛成可決した。

○役員退職給与支給決議（株主総会議事録　取締役会　代表取締役に委任して死亡後に給付する場合）

> 第○号議案　退任取締役に対する退職慰労金贈呈の件
>
> 　議長は、当会社の取締役である○○○○氏が、令和○年○月○日に死亡により退任したため、その在任中における慰労に報いるため、退職慰労金を支給したい旨を述べ、本総会においてはその贈呈の総額を金○○○○万円と定め、また、具体的金額、贈呈の時期、方法などは、取締役会の決議に一任したい旨を述べ、議場に諮ったところ、満場異議なく賛成可決した。

　役員退職慰労金規程は当該作成や保管を求められてはいないものの支給額のメルクマールとして残しておくのが通常です。しかし、それ自体に何かしらの疎明力があるわけではありません。当該規程は改定などせず、以前にも同様の基準で支給した実績がある、といった過去があれば、疎明力として、完全とはいえないまでも、効果があります。

> **【役員退職慰労金規程】**
>
> 第1条　この内規は、取締役又は監査役が退任した場合に、株主総会の決議に基づいて支給する役員退職慰労金の額の決定、贈呈時期及び方法について定めるものである。

（中略）

第2条　役員退職慰労金は、次の算式により役位別に計算した金額の
　　　合計額とする。この場合、役位別在任年数が1年未満の場合は月割
　　　計算による。

（役位別報酬月額）×（役位別在任年数）×（役位別係数）

【役位別係数】（※数値は全て仮値）

役位	係数
取締役会長	2.5
取締役社長	2.0
専務取締役	1.9
常務取締役	1.6
常勤監査役	1.3
非常勤監査役	1.0

（中略）

（★1）第4条　在任中、特に功労顕著であったと認められる役員
に対しては、取締役会の決議又は監査役の協議により、前条により算
出した金額の10％を限度として前条で算出された役員退職慰労金を
加算することができる。

（中略）

第6条　役員退職慰労金は、株主総会の決議があった日の翌日から起
　　　算して原則として○か月以内に銀行振込の方法により支払う。
　　　（★2）ただし、やむを得ない事情がある場合には1か月を超える
期間後に、又は分割払いの方法により支払うことができる。

（中略）

（★3）第8条　役員が在任中に死亡した場合には、以下の各号に定める弔慰金を支給する。

1　業務上の死亡の場合死亡時の報酬月額×36か月分
2　その他の死亡の場合死亡時の報酬月額×6か月分

（★4）第9条　使用人兼務役員に対しては使用人分退職金は支給せず、役員退職慰労金のみを支給するものとする。この場合、第2条の役員退職慰労金は報酬月額に使用人分給与を含めて算定し、在任年数は取締役に就任した月から起算する。
2　使用人兼務取締役に就任した場合は、その就任時に使用人分退職金を支給する。

★1・・・功労加算金の規程は原則として記載しないでください。当局は、過去の裁決・裁判例では「別途の」功労加算金支給について一切認めておりません（東京地裁平成27年2月26日判決）。平成23年5月25日裁決等々を参照すると功労加算金は功績倍率に既に加味されているとしています。

★2・・・分掌変更通達による退職金については分割支給はできません。完全引退の場合でも原則として同じですが、「対与信の関係で」「資金繰りの関係で」という背景、事情が明確であるなら、分割支給しても問題ありません。そもそも分割支給は利益操作という恣意性介入の余地があるため、否認されやすいものになります。したがって、当初の支給決定議事録において分割支給の場合
1回目　令和○年○月○日
2回目　令和○年○月○日
3回目　令和○年○月○日
と支給時期、支給額をあらかじめ決定しておくことが必要です。

★3・・・記載しなければならない項目ではありませんが、念押しとして規程にあるとより良いものとなります。

★4・・・実務では使用人兼務役員は就任時に打切り支給をして、役員退任後は使用人分退職金を支給しないことが多くそれを明記したものです。

ロ　実質基準

　先述のとおり、実質基準はエビデンスとして残すべきものがありません。ただし、それでは実務における当初支給時及び税務調査時点での決定、交渉ができません。したがって、何かしらの拠り所を求めることになります。

　そういった判断基準として代表的なものとして、
・TKC経営指標（BAST）
・法人企業統計年報特策
・民間給与実態統計調査
・東京商工リサーチレポート（TSRレポート）
・税務通信（税研）に定期的に付録される統計表
等々、民間の給与データを次善の策として使わざるを得ません。

　これらはあくまで当初支給額決定時の基準、税務調査対応時の交渉時点でしか利用できません。係争機関になると納税者の主張は原則として認められません。

　飯田精密事件では、税務調査時点において功績倍率3.0自体は否認されたわけではないのに係争になり1.18と認定された事案があります。このように「不相当に高額」の論点は絶対に係争に持ち込むべき論点としてはならず、あくまで税務調査時点の交渉で妥協点を見出す努力をします。

　特別の功績のあった者について高額な退職金を用意したい場合、具体的な貢献度を書面で残す必要があります。

○当該法人の売上、利益激増に対して当該役員が具体的にした施策等々
　を示せる書類
・事業報告書
・提案書
・調査書（その役員が活動した実績の経過として）
・議事録等の記載の工夫、金額の変遷理由の説明、等々
になります。

　とはいえ、税務調査時点においてそれでも問題になる場合、そういっ
たエビデンスをもとに正常利益の変遷を主に参照にしながら、弁護士、
公認会計士、税理士等々の鑑定評価を複数作成し提出する、という最終
抗弁も考えられます。

重要情報9

○役員退職給与／任意団体のデータによる最高功績倍率3.0適用の可否

　東京高等裁判所平成25年（行コ）第169号法人税更正処分取消等請
求控訴事件（棄却）（上告、上告受理申立）平成25年7月18日判決【税
務訴訟資料　第263号-137（順号12261）】Z263-12261

　役員退職給与の適正額を算定する平均功績倍率法は、同業類似法人の
抽出が合理的に行われる限り、法令の趣旨に最も合致する合理的な方法
であるとされた事例

　本件の実質的な争点は、役員退職給与の適正額を算定する際の功績倍
率について、最高功績倍率法を適用できるか否かです。地裁で納税者は
敗訴しています。

　納税者（控訴人）は、同業類似法人における役員退職給与の支給状況
と比較するための方法として、平均功績倍率法、最高功績倍率法及び1
年当たり平均額法があるが、これらの間に一般的抽象的な優劣関係はな
く、いずれも合理的な算定方法であるから、その中でも納税者に有利な
最高功績倍率法によるべきであると主張しました。

　しかし、高裁は、最終月額報酬、勤続年数及び平均功績倍率を用いて
役員退職給与の適正額を算定する平均功績倍率法は、その同業類似法人

の抽出が合理的に行われる限り、法36条及び施行令72条の趣旨に最も
合致する合理的な方法であって、同業類似法人の抽出基準が必ずしも十
分ではない場合、あるいは、その抽出件数が僅少であり、かつ、当該法
人と最高功績倍率を示す同業類似法人とが極めて類似していると認めら
れる場合など、平均功績倍率法によるのが不相当である特段の事情があ
る場合に限って最高功績倍率法を適用すべきところ、本件では抽出基準
が必ずしも十分ではないとはいえないし、本件同業類似法人のうち最高
功績倍率を示す法人と納税者とが極めて類似していると認めるに足りる
事情があるとは認められないことからすれば、最高功績倍率法を用いる
べき場合に当たるとはいえないとし、納税者の主張を退けました。

（判示事項）

1　本件は、控訴人が、本件事業年度中に控訴人を死亡退職した控訴人
　の元代表取締役に支給した役員退職給与6,032万円を損金の額に算入
　して確定申告をしたところ、飯田税務署長から、役員退職給与のうち
　不相当に高額な部分の金額については損金の額に算入されないとし
　て、役員退職給与の適正額を490万8,800円とする更正処分及び過少
　申告加算税の賦課決定処分を受けたことから、控訴人が、役員退職給
　与の額は相当であるとして、更正処分等の取消しを求めた事案である。
　　原判決は、控訴人の請求を棄却したので、控訴人がこれを不服とし
　て控訴をした。

2　控訴人は、同業類似法人における役員退職給与の支給状況と比較す
　るための方法として、平均功績倍率法、最高功績倍率法及び1年当た
　り平均額法があるけれども、これらの間に一般的抽象的な優劣関係は
　なく、いずれも合理的な算定方法であるから、その中でも納税者に有
　利な最高功績倍率法によるべきであり、また、被控訴人が本件同業類
　似法人を抽出するために用いた抽出基準は不合理であるから、ＴＫＣ
　データを使用して抽出されたＴＫＣデータ同業類似法人の最高功績倍
　率である3.0倍を基礎とし、さらに、元代表取締役には功労加算すべ
　き特別の事情があるので、30％の功労加算をすべきであり、過少申
　告加算税に関しても、「正当な理由があると認められるものがある場

合」に当たる旨主張する。

3　しかしながら、平均功績倍率法は、その同業類似法人の抽出が合理的に行われる限り、法36条及び施行令72条の趣旨に最も合致する合理的な方法であって、同業類似法人の抽出基準が必ずしも十分ではない場合、あるいは、その抽出件数が僅少であり、かつ、当該法人と最高功績倍率を示す同業類似法人とが極めて類似していると認められる場合など、平均功績倍率法によるのが不相当である特段の事情がある場合に限って最高功績倍率法を適用すべきところ、本件では抽出基準が必ずしも十分ではないとはいえないし、同業類似法人のうち最高功績倍率を示す法人と控訴人とが極めて類似していると認めるに足りる事情があるとは認められないことからすれば、最高功績倍率法を用いるべき場合に当たるとはいえない。

4　また、被控訴人が本件同業類似法人を抽出する際の抽出基準とした抽出対象地域、基幹の事業、調査対象事業年度及び調査対象事業年度における売上金額はいずれも合理的であり、亡乙に功労加算すべき特殊事情があるとは認められない。

Ⅱ—2　分掌変更における役員退職金の事実を証明するためのエビデンス

> **Q** 分掌変更における役員退職金の事実を証明するためのエビデンスについて教えてください。

> **A** エビデンスのみならず、逆に「資料が残っていないこと」が重視されます。これについても最低限用意しておくべき事項はあります。

【解　説】

　分掌変更に係る「法人の経営に従事」とは実質判断に着地します。したがって、証拠の保全には万全を期す必要があります。法人税基本通達9－2－32の具体的な留意点は多岐にわたります。原則として「下記のすべて」を満たした場合、納税者は疎明が可能になったといえます。

○　「代表」（と付いているもの一切について）に係る名刺は処分。また、分掌変更後は一切使わない。典型的なものは代表取締役の名刺です。

○　社長室から撤退します。次の肩書の会長や相談役、顧問等々の専門室は一切不要です。従前社長室で使用されていた一切の備品については次の社長の専用にします。分掌変更後当該人は一切使用しないこととします。社員が「社長」と呼ぶのも問題視されます。調査官が社員に「あの方は誰ですか？」と聞けばすぐにわかる事項です。

○　ホームページ、会社案内パンフレット、その他SNS等々でもし組織図があれば、当該人の名前は一切消去します。

○　議事録、稟議書、報告書のみならずその他メールや社内SNS等々での氏名の記載、押印は一切しないこと、さらにいえば、署名押印できるスペース＝「決済欄」自体を一切消去することとします。したがって、そもそも取締役会、経営幹部会、営業会議などに出席してはいけないこととなります。社内SNSでの報告連絡相談、いわゆるオンライ

ン会議などのウェブを使っての出席も一切慎みます。

○　取引先の接待など重要な営業をしてはいけないこと、業界団体のイベントに会社代表者として参加してはならないこと。特に次代表と一緒に参加し、取引先等を紹介するといった行為は厳に慎むべきです。

○　退任後の役員給与の額は社内の他の役員や従業員、同業他社の役員と比べ、極端に高額にすることはできません。退任後の役員給与と「同族特殊関係者ではない」役員との給与比較はよく行われます。

○　ほとんど出社しない。いつ来て、いつ帰ったのか誰も把握していない状況が最もよいといえます。社内出勤管理表（ホワイトボードや社内ツールその他一切）に一切掲載しないことです。

○　金融機関折衝の場面では絶対に同席しないことです。金融機関への反面調査ですぐに発覚します。次後継者が金融機関折衝の仕方がわからないから、という理由で同席する場合も多いのですが、それは分掌変更「前」に引継ぎをしておくべきことです。これは、

・後継者への引継ぎで経営などの重要事項に関与してアドバイスを行う
・顧問税理士、顧問弁護士等々との会社に経営に係る事項に係る相談業務面談に出席する

という場面でも同じことがいえます。

○　通帳、金庫の鍵があれば一切持たせないこと。手形帳、小切手帳、取引先名簿などの管理を一切しないこと。会社に係る経費のチェックもしてはいけません。

○　仮に分掌変更後も会長等が社用車を利用している場合の利用状況について経営に重要でないことであることを疎明する必要があります。上記までを考慮すると、ほとんど利用できません。できれば利用をやめるべきです。

○　大株主又は拒否権付種類株式（黄金株）の所有の有無を確認します。東京地裁平成20年6月27日判決のとおり、「株主として、議決権という権利を通じて間接的に影響を与えること」と「経営に直接かかわる役員の立場」は全く別です。したがって大株主であることは問題にはなりません。

　しかし、黄金株については会社の重要な意思決定に関して関与できることから、経営に関わっていると判断される可能性もないわけではありません。この点、現時点で裁決・裁判例が皆無のため、今後の動向に注視が必要です。

　また、属人的株式で議決権を多めに持っていることについての判断も現時点では実務通説はありません。

　こうして見ると、事業承継というと税理士としては株式を現オーナーから後継者へ円滑に異動するという視点ばかりから見ていますが、本来的な意味での経営承継はその前段階に社内でよく話し合い、現実として承継移行していることを確認する必要があるともいえます。税理士は経営承継には何もアドバイスできないため、上記の税リスクを事前に説明した上で、それが社内で完結しないかぎり税務上否認される可能性があることを明確にしておくべきです。

重要情報1

○「調査に生かす判決情報」第70号

　平成29年3月　～判決（判決速報№1416【法人税】）の紹介～　東京国税局課税第一部国税訟務官室

〔ポイント〕

　役員が分掌変更により「実質的に退職したと同様の事情があると認められる」か否かの事実認定

（事件の概要）

1　X（原告）の前代表取締役Aは、平成23年5月30日の取締役会の決議により代表取締役を退任し、取締役（相談役）に就任した。新たな代表取締役には、営業部長であったBが就任した。

2　Xは、平成23年6月15日に、Aに対する退職慰労金（以下「本件金員」という。）を支給するとともに、本件金員を損金の額に算入した平成24年3月期（以下「本件事業年度」という。）の法人税確定申告書を平成24年5月31日に提出した。

3　Y（課税庁）は、Xに対する税務調査（平成24年10月10日着手）

において、Aは代表取締役退任後も退任前と同様の職務に従事しており、実質的に退職したと同様の事情にあったとは認められないことから、本件金員を損金の額に算入することはできないとして、修正申告書の勧奨を行ったところ、Xから、平成24年11月27日に修正申告書が提出された。

4　Xは、平成25年4月23日に、Aには月額報酬が約3分の1に激減する等、実質的に退職したと同様の事情があると認められるため、本件金員は損金の額に算入されるとして、本件事業年度の法人税の更正の請求を行ったところ、Yは、平成25年6月26日付で更正をすべき理由がない旨の通知処分を行ったことから、Xが、同処分を不服として、その取消しを求めて提訴した事案である。

【概要図】

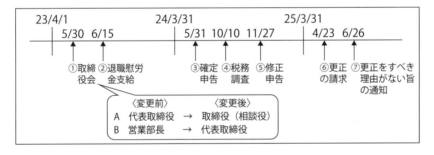

（本件の争点等）

本件金員が法人税法34条1項括弧書き所定の「退職給与」に該当するか否か

（Xの主張）

次のとおり、Aの分掌変更について、Aの役員としての地位又は職務の内容が激変し、実質的に退職したと同様の事情にあったと認められることから、本件金員は法人税法34条1項括弧書き所定の「退職給与」に該当する。

1　Aは、代表取締役の交代について適法な手続を経た後、Bを伴って取引関係者を回り、退任の挨拶及び社長交代の引継ぎの挨拶に連日出向いており、退任の挨拶状も取引関係者に送付されている。また、X

　　が契約当事者となっている土地の賃貸借契約書やXと銀行との間の金銭消費貸借契約書の代表者の名義がBに変更され、銀行取引の連帯保証人もAからBに変更されている。

2　Aの月額報酬は、代表取締役退任前の205万円から約3分の1に相当する70万円に激減しており、法人税基本通達9－2－32（3）（役員の分掌変更等の場合の退職給与）における役員の給与の激減に係る基準も充足する上、Bの月額報酬は85万円であり、Aの月額報酬とは大きな差異があることからもAが退任前と同様の職務を行っていないことは明らかである。

3　Bは、代表取締役就任後、Aの指示や意見によらず、自らの判断でメインバンクの変更、実績管理及び人事評価等を行っていた。

4　Bは、代表取締役就任後、Xの幹部が集まる代表者会議の場で自ら判断し具体的な指示をしているが、他方、Aは、代表取締役退任前は必ず出席していた会議の一部にしか出席せず、また、何ら指示をしていない。

5　Aが取締役として出社していたのは、Bへの引継ぎを適切に行うためである。また、BがAに様々な案件を相談して意見を聴くことは引継ぎに不可欠であり、Aが稟議書に相談役として押印していたのは、引継ぎのための相談や助言にすぎず、決裁をしたのは飽くまでBである。

6　Aが代表取締役退任後も取引銀行の担当者と面会をしていたのは、Bがトップセールスに注力する必要から会社を留守にすることが多いためであり、BはAに具体的な指示を出して対応を委ね、帰社後に報告を受けており、Aの当該面会は、飽くまで引継ぎに際しての補佐業務にすぎない。

7　仮にAが代表取締役から取締役（相談役）に分掌変更した時点では「実質的に退職したと同様の事情」として十分な事情が認められなかったとしても、法人税法は、事業年度の所得に課税するという期間税の構造を採用しており、納税義務が事業年度終了の時に成立することからすれば、「実質的に退職したと同様の事情」は、事業年度末までに

具備されれば足りるのであるところ、本件事業年度末までにAからB
への引継ぎが完了したという事実が存在する。

（国の主張）

　次のとおり、Aの分掌変更について、Aの役員としての地位又は職務
の内容が激変し、実質的に退職したと同様の事情にあったとは認められ
ないことから、本件金員は法人税法34条1項括弧書き所定の「退職給与」
に該当しない。

1　Bは、代表取締役に就任した当時、代表取締役の業務遂行に必要な
　知識及び経験を有していなかったことから、経営体制の移行を円滑な
　ものとするため、Aが、引き続き代表取締役退任前と同様に経営上主
　要な地位を占めながら、Bに対する指導及び育成を行うこととなった
　ものである。そうすると、Aが、代表取締役退任後、Bに助言等をす
　ることとなったのは、単なる引継ぎではなく、経営判断そのものを行
　うことが想定されていたのであり、Aは、経営について引き続き責任
　を負っていた。

2　上記1のとおり、Bは、代表取締役就任後、単独で経営全般につい
　て判断し実行する知識等を有していなかったため、あらゆる場面でA
　の助言、提案等を必要としていたのであり、実際、Aは、代表取締役
　退任後も、個別の稟議案件を確認して稟議書の「相談役」欄に押印す
　るなど、Xの経営情報に接して判断をしていたほか、人事や予算等に
　ついても、Bから相談を受けて方策について提案をするなどしていた。
　このように、Bは、あらゆる場面でAに助言や提案を求め、それに従っ
　ていた。

3　Xの取引銀行の担当者は、部内の引継書類にAを「実権者」と記載
　しており、実際、Aは、代表取締役退任後も、多数回にわたり取引銀
　行の担当者と融資や設備投資に関する交渉を行っていた。また、Bは、
　Aの代表取締役退任後、Xの親会社からの資金調達の要求などについ
　てAに相談をすることができたため、Aが親会社に対しての防波堤の
　役割を果たしてくれたと評価しており、Aは、親会社との関係におい
　ても、Bではなし得ない判断等を行っていたことがうかがえる。この

ように、Aは、取引銀行及び親会社との関係からみても、引き続きXの経営上主要な地位にあり、その役割を果たしていた。

4　Bは、代表取締役就任後も、その業務に加えて営業部長の業務を継続しており、営業で外出している割合が4割ほどで、かつ、入社以来営業職しか経験したことのないBにおいて、数ヶ月でAからの引継ぎが終了し、代表取締役という職務を残された時間で単独で全部こなしていたとは想定できない。

5　Xは、上記7のとおり主張するが、Xが、何をもって本件事業年度中に引継ぎが完了したとするのかは明らかでなく、その時期についても一貫性がない上、Aが、本件事業年度以降も、①稟議書の「相談役」欄に押印し、必要に応じて助言等をしていたこと、②代表者会議に出席していたこと、③多数回にわたり取引銀行の担当者と交渉や面談をしていたこと等からすれば、Aの退職の事実が本件事業年度末までに具備されたとするXの主張は、その前提を欠いている。

（裁判所の判断等）

裁判所は、X及び国の双方から提出された証拠を基として、①Xの代表取締役の交代と本件金員の支給の経緯等、②代表取締役を退任した後のAの勤務の状況等、③代表取締役に就任した後のBの勤務の状況等、④Xの取締役会及び株主総会の決議の状況等、⑤本件金員の支給等について、事実認定を行った。

その上で、裁判所は、次のとおり、Aは代表取締役退任後も、引き続き相談役として経営判断に関与し、対内的にも対外的にも経営上主要な地位を占めていたものと認められるから、本件金員の支給及び退職金勘定への計上の当時、役員としての地位又は職務の内容が激変して、実質的に退職したと同様の事情にあったとは認められないため、本件金員は法人税法34条1項括弧書き所定の「退職給与」に該当しないと判断した。

1　法人税法34条1項括弧書き所定の「退職給与」とは、役員が会社その他の法人を退職したことによって支給され、かつ、役員としての在任期間中における継続的な職務執行に対する対価の一部の後払いとしての性質を有する給与であると解すべきであり、役員が実際に退職

した場合でなくても、役員の分掌変更又は改選による再任等がされた場合において、例えば、常勤取締役が経営上主要な地位を占めない非常勤取締役になったり、取締役が経営上主要な地位を占めない監査役になる等、役員としての地位又は職務の内容が激変し、実質的に退職したと同様の事情にあると認められるときは、その分掌変更等の時に退職給与として支給される金員も、従前の役員としての在任期間中における継続的な職務執行に対する対価の一部の後払いとしての性質を有する限りにおいて、同項括弧書きにいう退職給与に該当するものと解するのが相当である。

　そして、法人税基本通達9－2－32は、上記と同様の趣旨から、役員の分掌変更又は改選による再任等に際して、法人の役員が実質的に退職したと同様の事情にあるものと認められ、その分掌変更等の時に退職給与として支給される金員を損金の額に算入することができる場合についてその例示等を定めたものであると解される。

2　Bは、代表取締役就任後、取引先に対して、代表取締役の交代があったことを伝え、Xの取引銀行に対する債務についてAからBへの保証人変更手続をするなど、代表取締役の交代に伴う対外的な周知や契約上の手続を行っており、法令上の代表権を有してはいたものの、Bが営業以外の業務や組織管理等の経営全般に関する経営責任者としての知識や経験等を十分に習得して自ら単独で経営判断を行うことができるようになるまでは、AがBに対し経営に関する事項（売上・棚卸し・従業員の成績管理・賞与の査定・銀行からの借入金・設備の設置等に関する事項）について指導と助言を行い、引き続き相談役として経営判断に関与していたと認められる。

【裁判所が採用した証拠】

　代表取締役交代の挨拶状、更正の請求の審査担当者が作成したXの関与税理士に対する質問応答記録書、異議調査（更正をすべき理由がない旨の通知処分に対する異議申立てに係る調査）担当者が作成したBに対する質問応答記録書等

3　Aは、代表者会議に引き続き出席し、営業会議及び合同会議には出

席しなくなったものの、議事録の回付により報告を受けて確認した上で「相談役」欄に押印していたほか、10万円を超える支出について必要となる決裁のための稟議書についても、原則としてBが決裁欄に押印した後に「相談役」欄に押印をしており、Bも、稟議書の決裁欄に押印するに当たっては、必要に応じてAに相談をし、その助言を得ていた。

　このように、Aは、Bに対し助言や指導を行う等、経営上の重要な情報に接するとともに個別案件の経営判断にも影響を及ぼし得る地位にあったと認められる。

【裁判所が採用した証拠】

代表者会議等の議事録、Xの組織図、更正の請求の審査担当者が作成したBに対する調査報告書等

4　Aは、代表取締役退任後もXの資金繰りに関する窓口役を務め、取引銀行から実権を有する役員と認識されていたほか、Xの親会社からXに対し資金調達に関する要求があった際には、Bから相談を受け、Xと親会社との間の利害を調整するなど、資金繰りにも深く関与していたものと認められる。また、Aは、営業部長当時と同様に営業活動による外出のため不在にすることの多いBに代わって来客への応対を行う等、対外的な関係においても経営上主要な地位を占めていたと認められる。

【裁判所が採用した証拠】

異議調査担当者が作成したXの取引先及びBに対する質問応答記録書等

5　Aの月額報酬は、減額後もBの月額報酬と遜色のないことや、Aが代表取締役退任後も引き続き経営判断に関与してBへの指導や助言を続けていたこと等に照らすと、両者の月額報酬は、Aが引き続き経営判断への関与及びBへの指導や助言を続けていくことを前提として定められたとみるのが相当であり、代表取締役退任後もなおAが経営上主要な地位を占めていたことと別段齟齬するものではない。

【裁判所が採用した証拠】

　取締役会議事録、税務調査担当者が作成したＡに対する調査報告書、異議調査担当者が作成したＢに対する質問応答記録書等

6　Ｂが、Ａの指示や意見によらず、自らの判断で決定を行ったとするメインバンクの変更や、実績管理、人事評価等については、一部の限られた範囲の事柄にとどまり、経営上の重要事項の全般にわたるものではないこと等に照らすと、Ａが、代表取締役退任後も、引き続き相談役として経営判断に関与してＢへの指導や助言を続け、対内的にも対外的にも経営上主要な地位を占めていたとの評価と別段齟齬するものではない。

【裁判所が採用した証拠】

　営業の管理資料、更正の請求の審査担当者が作成したＢに対する調査報告書等

7　本件金員が法人税法34条１項括弧書き所定の「退職給与」に該当するか否かは、本件金員の支払債務が確定した月を基準として判断すべきものと解するのが相当であり、また、法人税法が期間税としての性格を有しており、事業年度終了の時に法人税の納税義務が成立するとしても、そのことをもって、同項括弧書き所定の「退職給与」の該当性を本件金員の支払債務の確定した月を基準として判断すべきことが左右されるものではない。

（国税訟務官室からのコメント）

1　法人税基本通達９−２−32は、役員の分掌変更又は改選による再任等に際して、法人の役員が実質的に退職したと同様の事情にあるものと認められ、その分掌変更等の時に支給された金員を退職給与として取り扱うことができる場合についてその例示等を定めたものである。

　その例示として、「分掌変更等の後におけるその役員（その分掌変更等の後においてもその法人の経営上主要な地位を占めていると認められる者を除く。）の給与が激減（おおむね50％以上の減少）したこと」などが定められているが、仮に本例示の給与の基準を形式的に満たしていたとしても、他の事情をも併せ勘案すると、役員としての地位又

は職務の内容が激変して実質的に退職したと同様の事情があると認められない場合には、分掌変更等に際して支給された金員については退職給与として取り扱うことはできない。

2　本件において、Aの分掌変更後の月額報酬は、分掌変更前の月額報酬の約3分の1に激減しているところ、Aの分掌変更について、実質的に退職したと同様の事情にあったと認められるか否かについては、分掌変更後も、Aは法人の経営上主要な地位を占めていると認められるか否かが判断のポイントとなった。

なお、Bは、役員の経験がなく、営業以外の業務を担当しないまま代表取締役に就任したという特殊な事情があった。（※下線筆者）

3　本件において、Xは、Aが代表取締役退任後も相談役として勤務していたのは、Bに対する引継ぎを行っていたにすぎず、Aの給与が激減し、実質的に退職したと同様の事情にあったと認められると主張した。

これに対し、国側は、Bは代表取締役就任後、単独で経営全般について判断し実行する知識や経験を有していなかったため、あらゆる場面でAの助言、提案等を必要としており、Aは、法人の経営上主要な地位を占め、実質的に退職したと同様の事情にあったとは認められないと主張した。（※下線筆者）

裁判所は、AがBに対して経営の指導と助言を行い、代表取締役退任後も引き続き相談役として経営判断に関与しており、実質的に退職したと同様の事情にあったとは認められないとして、国側の主張を全面的に認め、Xの主張を退けた。

4　本判決は、事例判決であり、本件の事実関係を前提として、Aには実質的に退職したと同様の事情にあったとは認められないと判断された判決であるが、裁判所による判断の形成過程は、税務調査においても参考になると思われる。

5　また、本件は、前記「事件の概要」に記載のとおり、Yの税務調査に基づいて、Xが一旦は修正申告書を提出したものの、その後、更正の請求を行った事案である。

　税務調査の際、A及びBは、Aが代表取締役退任後も退任前と同様の業務を行っている旨の供述をしていたが、Xによる修正申告書提出後、その供述を翻し、代表取締役退任に伴いAの職務の内容が激変し、Aには実質的に退職したと同様の事情にあったと供述した。

　国側は、本訴において、税務調査の際に調査担当者が収集した証拠（Aに対し、代表取締役退任後の勤務状況等を聴取し、調査報告書として証拠化したもの）に加えて、更正の請求の審査担当者及び異議調査担当者が収集した証拠（Xの役員、取引先の担当者及び関与税理士等に対し、Aの代表取締役退任後の勤務状況等を聴取し、質問応答記録書等として証拠化したもの）を提出したところ、前記「裁判所の判断等」に記載のとおり、それが裁判所に採用され、客観的な事実関係として、Aには実質的に退職したと同様の事情にあったとは認められないと判断されたものである。

重要情報2

　納税者の主張が認められていた事案もありますが、見るべき証拠は同じところです。

令02－12－15裁決　TAINSコードＦ０－２－1010

（一部抜粋）

　本件は、審査請求人に合併された法人が、元代表取締役に対して支給した退職金の金額を損金の額に算入して法人税等の申告を行ったところ、原処分庁が、元代表取締役は登記上退任した後も被合併法人の経営に従事しており、実質的に退職したとは認められないから、当該金額は退職給与として損金の額に算入されないとして、法人税等の各更正処分及び過少申告加算税の各賦課決定処分を行ったことに対し、請求人が、元代表取締役は形式的にも実質的にも被合併法人を退職したのであるから、当該金額は損金の額に算入されるなどとして、原処分の全部の取消しを求めた事案である。

　（中略）

〈当審判所の判断〉

　（3）争点3（本件各金員は、退職給与として、■■■■■■の■■
■■■■及びＨＤ社の平成25年9月期の損金の額に算入されるか否
か。）について

（イ）本件経営会議への出席及び指示命令について

　原処分庁は、上記3の（3）の「原処分庁」欄のイのとおり、本件元
代表者が、本件各退任後も継続して、毎月開催される本件経営会議に出
席し、本件法人グループの各代表取締役らに対し、経営に係る報告を求
め、当該報告に対し、今後の指示をしていた旨主張し、本件調査におい
て調査担当職員が作成した申述者を■■とする各質問応答記録書（以下、
これらの記録書に記載の■■の申述を「本件申述」という。）には、こ
れに沿う内容の申述がある。

　ところで、■■は、平成22年頃に本件法人グループに入社し、平成
24年11月30日から平成29年3月1日までの間、請求人の登記上、代表
取締役の地位にあった者である（原処分関係資料及び当審判所の調査の
結果）。そして、■■は、本件申述当時、その地位等に関し、■■がＳ
社に対して提起した地位確認等請求訴訟や本件元代表者及びＨＤ社に対
して提起した損害賠償請求訴訟並びに請求人等から提起された損害賠償
等請求訴訟がそれぞれ係属中であったものであり（原処分関係資料及び
当審判所の調査の結果）、本件法人グループ及び本件各法人や本件元代
表者に関する本件申述の信用性については、慎重に検討する必要がある
ところ、本件元代表者が、本件各退任後に、本件経営会議において、本
件各法人それぞれの経営方針・予算・人事等の事業運営上の重要事項に
つき、具体的な指示や経営に関する決定をしたこと及びその内容や方法
を示す客観的証拠はなく、本件申述においても、いつどのような内容の
指示や決定を行ったかという具体的な状況については明らかとはいえな
い。したがって、本件申述をもって、本件各退任後の本件経営会議にお
ける、本件元代表者による本件各法人の事業運営上の重要事項に係る具
体的な指示等の存在を認めることはできず、他にこれを認めるに足りる
的確な証拠はない。

　なお、本件元代表者の長男である■■■■が平成25年９月期当時にはＨＤ社の全株式を保有し、また、本件元代表者が本件法人グループの従業員等から「オーナー」と呼ばれ、さらに、下記（ロ）のとおり、本件元代表者が本件法人グループ間の資金移動などの様々な指示ともとれるような連絡をしていたことなどからすると、本件元代表者が請求人を含む本件法人グループ全体のいわゆる実質的なオーナーといえる立場にあったことがうかがわれ〔上記１の（３）のイ、ロ及びハ、原処分関係資料並びに当審判所の調査の結果〕、かかる事実を考慮すれば、仮に、原処分庁が指摘するように、本件元代表者が、本件経営会議において、本件法人グループの各代表取締役らより上位の立場で振舞っていたという事実があったとしても、そのことをもって、本件元代表者が、本件各退任後も継続して、本件各法人の経営に従事していたとまで直ちに認めることはできない。

（ロ）本件経営会議以外での指示命令について

　原処分庁は、上記３の（３）の「原処分庁」欄のロのとおり、本件元代表者が、本件各退任後も継続して、本件経営会議以外においても、本件法人グループの各代表取締役や社員に対し、随時、各種業務に関する指示命令及び決裁を行っており、その中でも、■■に対しては、本件法人グループに属する各法人間の資金移動に係る指示などもしていた旨主張し、これに沿う証拠として、本件申述に係る各質問応答記録書のほか、平成26年９月30日から平成29年２月15日の期間における■■と本件元代表者との間のＬＩＮＥの画面を撮影した画像データを出力した資料（以下「本件ＬＩＮＥ」という。）を提出する。（※下線筆者）

　確かに、本件ＬＩＮＥには、本件元代表者から■■に対する本件法人グループ間の資金移動に係るものなど様々な指示ともとれるようなやりとりがみられ、当該期間に、上記（イ）のとおり、本件元代表者が、本件法人グループ全体のいわゆる実質的なオーナーとして振る舞っていたことはうかがわれるものの、本件法人グループのいずれの法人の業務に係るやりとりなのか不明なものが多くみられ、既に解散した■■■■■■はもちろん、ＨＤ社の業務に関し、上記資金移動以外の具体的な指示

や決裁の存在は不明であるところ、本件各退任の翌日（平成24年12月1日）から本件ＬＩＮＥの開始日の前日（平成26年９月29日）までの期間において、本件元代表者が本件各法人の業務に関して具体的な指示等をしたこと及びその内容や方法を示す客観的な証拠はない。加えて、本件ＬＩＮＥは、いずれも本件各退任から１年10か月後の平成２６年９月30日以降の期間に係るものであることや、本件申述の内容が具体性を欠くものであること〔上記（イ）〕を併せ考慮すると、本件ＬＩＮＥ及び本件申述によって、本件元代表者が、本件各退任後も継続して、本件各法人の事業運営上の重要事項に係る具体的な指示命令及び決裁をしていたと認めることは困難であり、他にこれを認めるに足りる的確な証拠はない。

（ハ）金融機関に対する本件元代表者の対応について

　原処分庁は、上記３の（３）の「原処分庁」欄のハのとおり、本件元代表者が、本件各退任後も継続して、新規融資の申入れ等に関して、各金融機関との間で交渉し、自ら最終的な判断をしていた旨主張し、<u>これに沿う証拠として、本件申述に係る各質問応答記録書、金融機関の担当者を申述者とする各質問応答記録書や本件ＬＩＮＥを提出する</u>。（※下線筆者）

　しかしながら、そもそも、当審判所の調査によれば、■■■■■■は、本件各退任の日から請求人に吸収合併されるまでの期間に金融機関から新規融資を受けておらず、ＨＤ社も、本件各退任の日から平成29年９月30日までの期間において、金融機関から新規融資を受けていないと認められ、実際に新規融資に向けた具体的な交渉が行われたことを認めるに足りる証拠もないことから、少なくとも、本件元代表者が、これらの期間において、金融機関から本件各法人が新規融資を受けるという判断をしたとは認められず、この点に関する原処分庁の主張はその前提を欠く。

　また、確かに、■■は、本件申述において、■■自身は請求人の代表取締役としての権限はなく、金融機関との交渉や融資決定等は全て本件元代表者が行っていたと申述し、また、金融機関の担当者の中には、融

資等に係る実質的な決定をしていたのは本件元代表者であった旨申述する者もいるほか、本件ＬＩＮＥには、金融機関からの資金調達に関する本件元代表者とのやりとりもみられるところではある。しかし、その中には、本件法人グループに係るものではあるものの、本件各法人に係るものとは認めるに足りないものがあるほか、金融機関の担当者の申述の中には、請求人に対する融資に関して、■■が役員に就任してからは、融資交渉は全て■■が行っており、■■が代表者としての権限を有していたと感じていた旨の申述も見受けられる。

　かえって、請求人提出資料によれば、請求人が平成26年12月26日に■■■■■■■から300,000,000円の融資を受けた際には、■■自身が当該融資に係る連帯保証人となったと認められ、このように、300,000,000円もの借入れに際し、自ら連帯保証するということ自体、■■が請求人の代表者であるとの自覚と責任のもとに自ら決定したと推認させるものといえる。

　以上からすると、上記申述や本件ＬＩＮＥをもって、本件元代表者が、本件各法人につき、本件各退任後も継続して、金融機関との間で具体的な交渉を行い、自ら最終的な判断をしていたと認めることはできず、他にこれを認めるに足りる的確な証拠はない。（以下省略）

第 Ⅲ 章

業務委託に係るエビデンス

Ⅲ—1　外注か給与かについてのエビデンスの基本的な考え方

Q1 外注か給与かについてのエビデンスについて基本的な考え方を教えてください。

A 後ほど掲載する国税情報を基に各種契約書を作成し、実態もそれに伴ったものにします。その前段階として基本的な考え方は下記のように整理できます。

税務調査の時点では実態で判断されますので、実態の把握と是正を当初から行っていることが前提となります。

【解　説】

所得税法では、「給与等」の支払をする者は、その支払の際、その給与等について所得税を徴収しなければならない（所得税法183条）、とあります。一方、「報酬」の場合は、限られたもののみが、源泉徴収の対象（所得税法204条）となります。報酬源泉に関しては限定列挙になりますので国税庁公表の「源泉徴収のあらまし」を文理で当てはめて問題ありません。類推の余地は一切ありません。

「給与等」と「報酬」の違いとして、「雇用契約又はこれに類する原因にもとづき使用者の指揮命令に服して提供した労務の対価として使用者から受け取る給付をいい、とりわけ、給与支給者との関係において何らかの空間的、時間的拘束を受け、継続的ないし断続的に労務又は役務の提供があり、その対価として支給されるものであること」（最高裁昭56. 4.24）が一義的な判断基準となります。

それを前提に契約書を作成します。契約の内容は当事者の合意した内容です。雇用契約の場合、それは契約書と就業規則に記載された内容といえます。

ここで問題となるのが契約書の記載だけでは意味がなく契約書の記載

と実態が乖離するときは、真実性に疑義が生じる点です。

　しかし、税務調査時点では、争点のスタートは契約書から入りますので、そもそも契約書の記載からして不十分なときは、問題外になってしまいます。

　次に当該契約書と実態の乖離チェックに入ります。例えば、

○業務時間の指定、時間的拘束について

　→（証拠）

　・契約書

　・就業規則

　・タイムカード（社内勤怠管理ツールも当然含む）、等々

○業務場所の限定、場所的拘束について

　→（証拠）

　・契約書

　・就業規則

　・オンラインミーティングログ、等々

○雇用主体の論点について、募集・採用の決定、指揮命令

　→（証拠）

　・募集広告の主体

　・履歴書の管理場所

となります。

Ⅲ—2　国税情報の具体的な使い方

Q 外注か給与かについてのエビデンスについて国税情報の具体的な使い方を教えてください。

A 有名な国税情報をまずは参照します。税務調査の時点では実態が問題とされたら、問題とされた各人別に下記の判定検討表にあてはめ、どちらかというと外注（給与）と認定を受けることができるよう抗弁する方法もあります。

【解　説】

　下記が有名な国税情報です。なお、調査官によっては下記の判定検討表の存在自体知らない方もいます。これが論点になった場合、まずは下記の国税情報を知っていて指摘項目としているかを確認すべきです。

　指摘された各人ごとに下記の判定検討表にあてはめ、調査時の抗弁材料とすることができます。

〇給与所得と事業所得との区分　給与？それとも外注費？

法人課税課速報Ｈ150700—28

法個通　法人課税課速報（源泉所得税関係）　東京国税局　平成15年7月　第28号

　（一部抜粋）

3　実務上の判定方法

　給与所得か事業所得かは、前記「2」の考え方によって区分されますが、実務上は、次に掲げる事項を総合勘案して判断することとしています。

①　契約の内容が他人の代替を受け入れるかどうか

　一般に雇用契約に基づく給与の場合、雇用された人は自分自身が仕事をしたことにより、その役務の対価を受け取ることができます。

　一方、請負契約に基づく事業所得の場合、依頼主との間で仕事の期限、

代金等を決定すれば、実際の仕事を行う者は必ずしも請け負った者自身に限らず、自己が雇用する者その他の第三者にまかせることができ、期限までに完成させて納品すれば、決められた代金を受け取ることができます。

　このように給与所得の場合は他人の代替ができませんが、事業所得の場合は他人の代替ができるという違いがあります。

②　仕事の遂行に当たり個々の作業について指揮監督を受けるかどうか

　雇用契約の場合、雇用主が定める就業規則に従わなければならず、作業現場には監督がいて、個々の作業について指揮命令をするのが一般的です。

　一方、請負契約の場合、仕事の期限さえ守れば途中における進行度合いや手順等について、依頼主から特に指図を受けることがないのが通常です。

③　まだ引渡しを終わっていない完成品が不可抗力により滅失した場合において、その者が権利として報酬の請求をなすことができるかどうか

　請負契約の場合、引渡しを終えていない完成品が、例えば火災等により滅失して期限までに依頼主に納品できない場合には、対価の支払を受けることができません。

　しかし、雇用契約の場合、労務の提供さえすれば当然の権利として対価の請求をすることができます。

④　材料が提供されているかどうか

　雇用契約の場合は雇用主が材料を所得者に支給しますが、請負契約の場合は所得者が材料を自分で用意するのが一般的です。

⑤　作業用具が提供されているかどうか

　雇用契約の場合は雇用主が作業用具を所得者に供与しますが、請負契約の場合は所得者が自分で用意するのが一般的です。

　以上の判断項目に基づいた判定方法を図解すると次のとおりとなりますが、最終的には事例に応じて詳細かつ具体的な事実を把握、収集し、総合勘案して判定する必要があります。

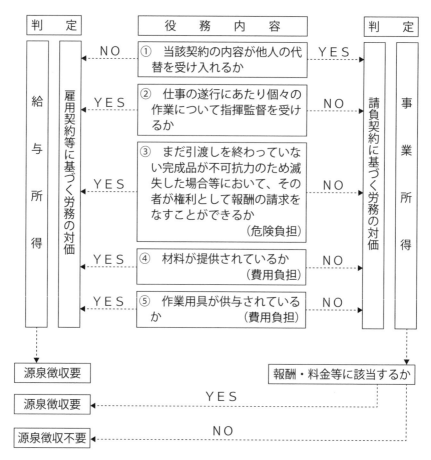

※年俸制、出来高払等のものであるかどうかに関わりなく上記事項を
　勘案して判定することになります。

4　消費税の取扱い

（1）給与所得と事業所得の区分

　消費税法基本通達１－１－１では、出来高払の給与であるか請負による報酬であるかの区分については、雇用契約又はこれに準ずる契約に基づく対価であるかどうかによるのであるとし、その区分が明らかでないときは、次の事項等を総合勘案して判定することとしています。

①　その契約に係る役務の提供の内容が他人の代替を容れるかどうか。

②　役務の提供にあたり事業者の指揮監督を受けるかどうか。

③　まだ引渡しを了しない完成品が不可抗力のため滅失した場合等においても、当該個人が権利として既に確定した役務に係る報酬の請求をなすことができるかどうか。

④　役務の提供に係る材料又は用具等を供与されているかどうか。

（2）所得区分に応じた取扱い

　その対価が給与所得に該当するか事業所得に該当するかどうかの区分に応じ、消費税の取扱いは次のようになります。

取扱い＼所得区分	給　　与　　所　　得	事　業　所　得
所　　得　　者	消費税の納税義務者にならない	消費税の納税義務者となる
支払者・消費者	課税仕入れに該当しない	課税仕入れに該当する

給与だったら？	→	課税仕入れに該当しない！

【給与所得及び事業所得の判定検討表】

	判　定　項　目	給与	事業	判定理由	根拠資料
実務上の判定	当該契約の内容が他人の代替を容れるか	NO	YES		
	仕事の遂行に当たり個々の作業について指揮監督を受けるか	YES	NO		
	まだ引渡しを終わっていない完成品が不可抗力のため滅失した場合等において、その者が権利として報酬の請求をなすことができるか	YES	NO		
	材料が提供されているか	YES	NO		
	作業用具が供与されているか	YES	NO		
判例	雇用契約又はこれに準ずる契約等に基づいているか	YES	NO		
	使用者の指揮命令に服して提供した役務か	YES	NO		
	使用者との関係において何らかの空間的、時間的な拘束を受けているか	YES	NO		

に よ る 判 定	継続的ないし断続的に労務の又は役務の提供があるか	YES	NO		
	自己の計算と危険において、独立して営まれているか	NO	YES		
	営利性、有償性を有しているか	NO	YES		
	反復継続して遂行する意思があるか	NO	YES		
	社会的地位が客観的に認められる業務か	NO	YES		
そ の 他					
判　　定（総合勘案）					

※「その他」欄は事案に応じて次の項目を参考にして記入する。

【その他の判定事項の例】

要　　　　　件	給与	事業
労働基準法の適用を受けるか	YES	NO
支払者が作成している組織図・配席図に記載があるか	YES	NO
役職（部長、課長等）があるか	YES	NO
服務規程に従うこととされているか	YES	NO
有給休暇制度はあるか	YES	NO
他の従業員と同様の福利厚生を受けることができるか（社宅の貸与、結婚祝金、レクリエーション、健康診断等）	YES	NO
通勤手当の支給を受けているか	YES	NO

他の従業員と同様の手当を受けることが可能か（住居手当、家族手当等）	ＹＥＳ	ＮＯ
時間外（残業）手当、賞与の制度はあるか	ＹＥＳ	ＮＯ
退職金の支給の対象とされているか	ＹＥＳ	ＮＯ
労働組合に加入できる者であるか	ＹＥＳ	ＮＯ
支払者からユニフォーム、制服等が支給（貸与）されているか	ＹＥＳ	ＮＯ
名刺、名札、名簿等において支払者に帰属しているようになっているか	ＹＥＳ	ＮＯ
支払を受ける者の提供する労務が許認可を要する業務の場合、本人は資格を有しているか（例　運送業）	ＮＯ	ＹＥＳ
その業務に係る材料等の在庫を自己で保管しているか	ＮＯ	ＹＥＳ
報酬について値引き、値上げ等の判断を行うことができるか	ＮＯ	ＹＥＳ
その対価の支払者以外の顧客を有しているか	ＮＯ	ＹＥＳ
以前にも他の支払者のもとで同様な業務を行っていたか	ＮＯ	ＹＥＳ
店舗を有し一般客の求めに応じているものであるか	ＮＯ	ＹＥＳ
その対価の支払者以外の者からの受注を受けることが禁止されているか	ＹＥＳ	ＮＯ
同業者団体の加入者であるか	ＮＯ	ＹＥＳ
使用人を有している者であるか	ＮＯ	ＹＥＳ
支払を受ける者がその業務について自己の負担で損害保険等に加入しているか	ＮＯ	ＹＥＳ
業務に当たって、支払者側のマニュアルに従うこととされているか	ＹＥＳ	ＮＯ
支払者の作ったスケジュールに従うこととされているか	ＹＥＳ	ＮＯ
業務の遂行の手順、方法などの判断は本人が行うか	ＮＯ	ＹＥＳ
本来の請負業務のほか、支払者の依頼・命令により、他の業務を行うことがあるか	ＹＥＳ	ＮＯ
勤務時間の指定はあるか	ＹＥＳ	ＮＯ
勤務場所の指定はあるか	ＹＥＳ	ＮＯ
旅費、交通費を会社が負担しているか	ＹＥＳ	ＮＯ
報酬の最低保障があるか	ＹＥＳ	ＮＯ

遅刻、無断欠勤の場合、それに見合う報酬が支払われないほか罰金（報酬の減額）があるか	NO	YES
その対価に係る請求書等の作成がされているか	NO	YES
その対価が材料代等の実費とそれ以外に区分して請求されるか	YES	NO
その対価が経費分も含めて一括で請求されているか	NO	YES

※あくまでも例示である。

「総合的に判断」と記載あるものの外注が給与認定されるような致命的な項目も含まれます。具体的には、

・社会保険等の公的実費の負担は誰がするのか

・当該法人の従業員に係る就業規則や慶弔規程が適用される、又はそれに平仄を合わせた取扱いを実質的にしているです。

　各人別に上記表のＹＥＳ・ＮＯチェックシート（【その他の判定事項の例】）に○を付け、大体が外注項目に当てはまっているとしても、上記２つ等において従業員（又は従業員とほぼ平仄を合わせた取扱いをしている）といったことがあれば、外注認定させることは極めて困難です。

重要情報１

　上記国税情報において重要裁判例、参照裁判例とされているもの

○給与所得の意義に関する裁判例

1　京都地裁昭和56年３月６日判決（税務訴訟資料116号480ページ）
　TAINSコードＺ116－4756

判示事項	判　　決　　要　　旨
所得税法28条１項にいう給与所得の意義	所得税法28条１項にいう「これらの性質を有する給与」とは、単に雇傭関係に基づき労務の対価として支給される報酬というよりは広く、雇傭又はこれに類する原因（例えば、法人の理事、取締役等にみられる委任又は準委任等）に基づいて、非独立的に提供される労務の対価として、他人から受ける報酬及び実質的にこれに準ずべき給付（例えば、各種の経済的利

益等)をいうと解すべきである。換言すれば、労務の提供が自己の危険と計算によらず他人の指揮監督に服してなされる場合にその対価として支給されるものが給与所得であるということができる。

したがって、その雇傭関係等が継続的であると一時的であるとを問わず、また、その支給名目の如何を問わないし、提供される労務の内容について高度の専門性が要求され、本人にある程度の自主性が認められる場合(国会議員の歳費や普通地方公共団体の議会の議員の報酬など可成り性質の異なるものも給与所得とされている。)であっても労務がその雇傭契約等に基づき他人の指揮監督の下に提供され、その対価として得られた報酬等である限り、給与所得に該当するといわなければならない。

| 大学が非常勤講師に支給する手当(報酬)は、給与所得に該当すると認定された事例 | 認定事実によれば、本件3大学は原告を各大学の非常勤講師として任用し、当該大学が必要と認めた学科目について、委嘱の期間、担当日、担当時間数を定めて原告にその学科目の講義を委嘱し、これに対して所定の報酬を支払うことを約したものというべきである。そして、原告は、当該大学が定めたカリキュラムの一部である特定の学科目について、週のうち特定の時限に(集中講義の場合は特定の日時に)、特定の場所で、ある程度長期にわたり継続して、当該大学の学生に対し講義を実施すべき義務を負うものであり、その講義の内容については大学側から細部まで拘束されるものではないが、当該大学のカリキュラムを実施する教員組織の構成員として、そのカリキュラムに示された大綱には従うべき義務を有するものといわなければならず、この意味において、非常勤講師たる原告は、当該大学の一般的指揮監督に服するものというべきである。 |
| | また、本件3大学は、非常勤講師の勤務に対する報酬について、支給規程を設け、これに基づき講義時間数に応じた月額の |

| | 手当額を定め、毎月所定の日に定額支給していたものであり、右手当は夏季、冬季等の休暇中でも支給され、休講等があっても減額されることはなく、講義の優劣等はその増額の対象となっていない。 |
| | 　以上のような勤務形態を前提とすれば、本件手当は、非独立的に提供される労務の対価たるもので、その労務の提供が自己の危険と計算によらず、他人の指揮監督ないしは教員組織の構成員としてその支配に服してなされるものとして、給与所得に該当すると認めるのが相当である。 |

2　東京地裁昭和43年4月25日判決（税務訴訟資料第52号731ページ）
　TAINSコードＺ052－1721

判示事項	判　　決　　要　　旨
「対価を得て継続的に行なう事業」事業所得における の意義	旧所得税法施行規則（昭和40年政令96号による改正前）7条の3は事業所得における「事業」に当たるものとして11の業種を例示するとともに、その他「対価を得て継続的に行なう事業」と定めているが、そこに例示された業種との関連において考えると、右にいわゆる「対価を得て継続的に行なう事業」とは、自己の危険と計算において独立的に営まれる業務で、営利性、有償性を有し、かつ、反覆継続して遂行する意思と社会的地位とが客観的に認められるものをいうものと解される。
給与所得の意義	給与所得は、雇傭又はこれに類する原因に基づき非独立的に提供される労務の対価として受ける報酬及び実質的にこれに準ずべき給付を意味し、報酬と対価関係に立つ労務の提供が、自己の危険と計算とによらず、他人の指揮命令に服してなされる点に、事業所得との本質的な差異がある。したがって、提供される労務の内容自体が事業経営者のそれと異ならず、かつ、精神的、独創的なもの、あるいは特殊高度な技能を要するもので、労務内容につき本人にある程度自主性が認められる場合であっても、その労務が雇傭契約等に基づき他人の指

| | 揮命令の下に提供され、その対価として得られた報酬若しくはこれに準ずるものであるかぎり、給与所得に該当する。 |

3　最高裁昭和56年4月24日判決（税務訴訟資料117号296ページ）
　TAINSコードＺ117−4787

判示事項	判　　決　　要　　旨
事業所得と給与所得の判別基準	およそ業務の遂行ないし労務の提供から生ずる所得が所得税法上の事業所得（同法27条1項、同法施行令63条12号）と給与所得（同法28条1項）のいずれに該当するかを判断するに当たっては、租税負担の公平を図るため、所得を事業所得、給与所得等に分類し、その種類に応じた課税を定めている所得税法の趣旨、目的に照らし、当該業務ないし労務及び所得の態様等を考察しなければならない。 　したがって、弁護士の顧問料についても、これを一般的抽象的に事業所得又は給与所得のいずれかに分類すべきものではなく、その顧問業務の具体的態様に応じて、その法的性格を判断しなければならないが、その場合、判断の一応の基準として、両者を次のように区別するのが相当である。すなわち、事業所得とは、自己の計算と危険において独立して営まれ、営利性、有償性を有し、かつ反覆継続して遂行する意思と社会的地位とが客観的に認められる業務から生ずる所得をいい、これに対し、給与所得とは、雇傭契約又はこれに類する原因に基づき使用者の指揮命令に服して提供した労務の対価として使用者から受ける給付をいう。 　なお、給与所得については、とりわけ、給与支給者との関係において何らかの空間的、時間的な拘束を受け、継続的ないし断続的に労務又は役務の提供があり、その対価として支給されるものであるかどうかが重視されなければならない。
弁護士の顧問料収	原審の適法に確定した事実関係によれば、上告人は弁護士

入が事業所得に該当すると認定された事例	であり、昭和42年ないし同44年当時、自己の法律事務所を有し、使用人を４人ないし６人（うち家族使用人２人を含む。）を使用して、特定の事件処理のみならず、法律相談、鑑定等の業務もその内容として、継続的に弁護士の業務を営んでおり、各会社と上告人との間の本件各顧問契約はいずれも口頭によってなされ、この契約において上告人は右各会社の法律相談等に応じて法律家としての意見をのべる業務をなすことが義務づけられているが、この業務は本来の弁護士の業務と別異のものではない。右各顧問契約には勤務時間、勤務場所についての定めがなく、この契約はその頃常時数社との間で締結されており、特定の会社の業務に定時専従する等格別の拘束を受けるものではなく、この契約の実施状況は、前記会社において多くの場合電話により、時には右会社の担当者が上告人の事務所を訪れて随時法律問題等につき意見を求め、上告人においてその都度その事務所において多くは電話により、時には同事務所を訪れた右担当者に対し専ら口頭で右の法律相談等に応じて意見をのべるというものであって、上告人の方から右会社に出向くことは全くなく、右の相談回数は会社によって異なり、月に２、３回というところや半年に１回、１年に１回というところもある。右会社はいずれも本件顧問料を弁護士の業務に関する報酬に当たるものとして毎月定時に定額を、その10％の所得税を源泉徴収したうえ上告人に支払っており、右顧問料から、健康保険法、厚生年金保険法等による保険料を源泉控除しておらず、上告人に対し、夏期手当、年末手当、賞与の類のものを一切支給しておらず、したがって、雇傭契約を前提とする給与として扱っていない。右の事実関係のもとにおいては、本件顧問契約に基づき上告人が行う業務の態様は、上告人が自己の計算と危険において独立して継続的に営む弁護士業務の一態様にすぎないものというべきであ

り、前記の判断基準に照らせば右業務に基づいて生じた本件顧問料収入は、所得税法上、給与所得ではなく事業所得に当たると認めるのが相当である。

Ⅲ—3　外注の事実を証明するエビデンスの具体的な記載方法

Q 外注の事実を証明するエビデンスについて国税情報を踏まえて具体的記載を教えてください。

A 先述のとおり下記の契約書があったとしても、実態は別途必ず確認されますので、書式だけそろえても意味がありません。通常の税実務では実態の把握と是正を意識します。

【解　説】

上記の国税情報を参考に記載例を作成してみました。

業務委託契約書★1

_____（以下「甲」という）と_____（以下「乙」という）とは、以下の条項により業務委託契約（以下「本契約」という）を締結する。

（業務委託等）

第1条　甲は、次に定める業務（以下「委託業務」という）を乙へ委託し、乙はこれを受託する。★2

　（1）○○建設工事

　（2）上記（1）に付随するその他の作業

2．委託業務を行う際に必要となる加工（○○）道具等の備品は○が用意するものとする。

3．委託業務を行う際に必要となる○○（加工）道具等の備品は○が用意するものとする。

──────（分担表）──────

（権利義務の移転禁止）

第2条　甲及び乙は、相手方による事前の書面承諾を得た場合に限り、本契約上の権利又は義務を第三者に譲渡、又は担保に供することができる。

（委託料）

第3条　本契約の委託料は、各月における乙の実績により算出されるものとする。なお、実績表の算定方法は甲乙協議による。★3

──────（実績表）──────

（支払）

第4条　甲は、前条に定める委託料を、○月の当月○日までに、乙からの請求書をもって支払うものとする。★4

──────（請求書送付先）──────

（再委託の禁止）

第5条　乙は、甲に事前に通知することなしに、委託業務の全部又は一部を第三者（以下「再委託先」という）に再委託してはならない。★5

（秘密保持）

第6条　…略…

（損害賠償）

第7条　甲又は乙は、本契約に定める義務を履行せず、相手方に損害を与えた場合、乙はその損害を相手方に賠償する義務を負う。★6

（契約の解除）

第8条　甲又は乙は、相手方が本契約の各条項のいずれかに違反したとき、相手方に相当期間を定めて履行をなすよう催告し、当該期間内に履行がないときは、本契約を解除することができる。

　　…略…

（有効期間）

第9条　…略…

（管轄裁判所）

第10条　甲及び乙は、本契約に関する訴訟について＿＿地方裁判所を第一審の専属的合意管轄裁判所とすることに合意する。

　（協議事項）

第11条　本契約に定めのない事項又は本契約の条項について疑義を生じたときは、甲乙誠意をもって協議し、円満にその解決を図る。

　本契約成立の証として、本書2通を作成し、甲乙記名押印のうえ、各1通を保有する。

　令和　年　月　日

　甲

　乙★7

★1

外注であることを明記します。その上で、

①　他人が代替して業務を行えるか

②　外注先が請負金額を計算、請求書を発行しているか

③　事業者の指揮監督を「全く」受けていない

④　不可抗力（フォースモジュール）において成果物が滅失した場合に外注先は当該報酬を請求できない

⑤　役務提供に係る材料用具は外注先が容易

（例外）ＳＥ等がセキュリティの観点からＰＣを支給する場合

という実態を確認します。

★2

役務内容を詳細に記載の上、道具の負担割合を決定していきます。

分担表は別紙で定めるのも可能です。工事ごと、現場、プロジェクトごとに設定すべきです。

★3

実績表は別で作成します。工程表等が望ましいです。

業務委託について不履行による係争では原告、被告に工程表を提出させることが多いです。これは裁判官が工程表で何をいつどこまでしたか、お互いの齟齬を認識したい、という意味もあります。

これは係争でなくても同じことがいえ、当事者が工程進捗に齟齬がないか意識したいのは当然といえます。これを定期的に報告し、実績表として残す、というのが理想的な証拠となります。

★4

請求書は外注先が作成し、送付することを明示します。

★5

再委託について不可の場合、その旨を明記してください。また、通知が必要とされます。

★6

通常、外注先が損害賠償をすべきですが、それを改めて明記します。

★7
　外注先について
・社名
・住所
・連絡先
・電話番号
・メールアドレス
　すべて明記します。
　なお、領収書については外注先が絶対に作成します。

コラム　契約書の文言は慎重に！

　契約書の文言に記載漏れ、ミス等々があった場合、余計な課税関係を考慮しなければならなくなる典型事例としてM&A契約書を題材として検証します。

　最終契約書における表明保証条項のドラフティングは通常、弁護士が行います。しかし、全ての弁護士が租税法を詳細まで理解しているとは考えにくいため、以下の事項につき税理士の視点から租税法上のアドバイスをする必要性が生じます。

　通常は売主側（の代理人弁護士、FA等）が先に最終契約書のドラフティングを行うこと、また、株式譲渡契約等における租税補償条項を設けることは我が国では未だ一般的ではないこと[12]等の諸事情から、下記ではあくまでも買主における最終契約書の理想像を述べています[13]。

12　一般的でない、という見解は、藤原総一郎（編著）・大久保圭・大久保涼・宿利有紀子・笠原康弘『M&Aの契約実務　第2版』p.201（中央経済社、2018）を参照しています。この点、森・濱田松本法律事務所＝MHM税理士事務所（編）『設例で学ぶオーナー系企業の事業承継・M&Aにおける法務と税務』（商事法務、2018）p.448〜449において、「表明保証違反に基づく補償履行請求権が私法上どのような性質を有すると考えるべきであるかについて、統一的な見解は現時点では存在しない」とあり、租税補償の取扱いについて法曹でも見解が分かれていることが、未だ一般的でない原因と考えられます。

① 補償金の税務上の取扱い

　クロージング後、売主に表明保証違反があった場合、買主は損失につき補償条項に係る損害賠償請求をします[14]。売主は損害賠償請求に係る金額を支払い、買主は当該補償金を受け取ります。売主の支払額は法人税基本通達2－2－16により支払事業年度の損金の額に算入されます[15]。一方で、補償金を受け取った買主は、以下の2つの考え方があるといわれています[16]。

イ　買主が損害賠償金を受け取ったとする考え方

　この考え方に立つと、法人税法22条2項、法人税基本通達2－1－43により、当該支払を受けるべきことが確定した日（又は実際に支払を受けた日）の属する事業年度において益金に算入されることとなります[17]。

ロ　買主に当初譲渡代金が（一部）返還されたとする考え方

　当初譲渡代金が返還されただけなので課税関係は生じないこととなります。

　この点、平成18年9月8日裁決[18]において、株式譲渡契約書に補償金の支払は譲渡代金の減額である旨を明記していた結果、益金に算入されないと判断された事例があります。

---

13 上掲『設例で学ぶオーナー系企業の事業承継・M&A における法務と税務』p.445 ～ 450、森・濱田松本法律事務所（編）『税務・法務を統合したM&A 戦略　第2版』p.22 ～ 28、p.95 ～ 97（中央経済社、2015）を参照しています。

14 補償については上限額を設定するのが通常です。

15 この点につき、佐藤友一郎（編）『法人税基本通達逐条解説　九訂版』p.292（税務研究会出版局、2019）において「法人税の所得計算における損益の認識は、ひとり民事上の契約関係その他の法的基準のみに依拠するものではなく、むしろ経済的観測に重点を置いて当期で発生した損益の測定を行うことになるのである。このような考え方からすれば、契約解除等に伴う損失を当期の損失として処理することはむしろ当然」とあります。

16 上掲『税務・法務を統合したM&A 戦略』p.25を参照しています。

17 最判昭和43年10月17日判決（集民第92号607頁）、東高平成21年2月18日判決参照のこと。

18 裁決事例集72号325頁（国税不服審判所ホームページ　http://www.kfs.go.jp/service/JP/72/19/index.html）参照のこと。

　この裁決以降、実務では表明保証条項に補償金の支払は減額である旨を明記する事例が増加しています（ただし、これはあくまで裁決であり判例ではないため、当該裁決をもって補償金の返還が譲渡代金の減額と判断する拠り所とはなり得ません[19]）。

　買主における予防策として考えられることは、表明保証条項に「補償金は譲渡代金の減額」である旨を明記しておくこと、また、上記イの考え方により、仮に当該補償金に益金課税された場合においては、「当該課税相当額も買主における損失」と考え、表明保証条項に、その旨を明記しておくことです。

　なお、売主においては、補償金が損金算入された結果、課税所得が圧縮され法人税額等が減少することになりますが、「当該法人税額等減少額を損失から控除する」と最終契約書（表明保証条項等）に明記したほうがよいでしょう。

　①から③において共通ですが、表明保証には「存続」という概念があり[20]、実務では当該条項も当然付しますので、存続が終われば補償請求等の対象にはなり得ません。

② 　繰越欠損金の減少は買主の損失に該当するか

　対象会社においてクロージングの日時点で、繰越欠損金を有していたとします。クロージング日後、対象会社に税務調査が入り、結果、修正申告の対象になったとします。その場合、対象会社の繰越欠損金は修正申告における課税所得の増加相当額だけ減少します。この場合、

イ　繰越欠損金＞課税所得増加相当額

　…会社からのキャッシュアウトは生じない。

---

19 上掲『設例で学ぶオーナー系企業の事業承継・M&A における法務と税務』p.449において「法基通7－3－17の2が固定資産について同様の処理を是認していることが参考になる」との見解もあります。

20 上掲『M&Aの契約実務』p.170～171において存続について「「本契約に基づく表明及び保証は、クロージング日以降3年の間に限って存続する」という規定は「クロージング以降3年間に限り表明保証違反に基づく補償請求等が可能であることを意味している」」とあります。

ロ　繰越欠損金＜課税所得増加相当額

…会社からのキャッシュアウトが生じる。

となります。

最終契約書において、買主における損失の定義が曖昧のままでは、上記ロのように買主において、「キャッシュアウトが生じて初めて損失」とも捉えることも可能となります。損失の定義が売主と買主間で齟齬が生じる（典型的な）場面となりますから、最終契約書で上記イ、ロのどちらを指しているかあらかじめ明示しておく必要があります。買主では、上記イが有利となります。

なお、税務調査は定期的にあり得るものから、調査状況によっては、将来的には上記ロになり得ますが、上述のとおり、存続が終われば補償請求等の対象にはなり得ません。

③　源泉徴収不納付又は過少納付は買主の損失に該当するか

対象会社においてクロージング日以降、源泉徴収不納付又は過少納付が発覚したとします。この場合、源泉徴収不納付額又は過少納付額は徴収者（クロージング日後は買主）が受給者（対象会社において源泉徴収不納付額又は過少納付額が生じていた者）に対し求償できる（所法222）ため[21]、買主の損失に当たらないと考えられます。

ただし、不納付加算税及び延滞税（国税通則法67、60①五）などの附帯税は求償権の範囲に当たらないため、買主の損失に当たると考えられます。

附帯税はもちろん、実務上極めて稀なケースと想定されますが、受給者の資力喪失等により、求償権が行使できない可能性もあるため、源泉徴収不納付額又は過少納付額についても、最終契約書（表明保証条項等）に損失であることを明記しておくべきです。

①～③に共通して、売主がグループ通算制度を採用している場合、別の手当が必要となりますが、中小零細企業においては非常に稀なケースと想定されますので、本書での解説は割愛します。

21　最判昭和45年12月24日判決（民集第24巻13号2243頁）参照のこと。

④　第二次納税義務は表明保証条項で担保されない

　中小零細企業M&Aにおいては、いわゆる不動産M&Aに限定されると考えられますが、会社分割後に株式譲渡を実行する場合もあります[22]。

　当該株式譲渡におけるクロージング日時点においては分割承継会社に第二次納税義務は生じません。第二次納税義務は国税徴収法基本通達32条関係1等による各種要件を満たした後に初めて生じるものであり、クロージング日「時点」の潜在債務が存在しないという表明保証条項では担保できません[23]。表明保証条項は予測に関して一切担保できないものとされます。

　以上、主に買主視点に立った表明保証条項の租税法に係る留意点を列挙しました。しかし、現実的には、中小零細企業において表明保証条項（及び補償条項）は極めて実効力に乏しいため、各種デュー・デリジェンスで発覚する懸念事項のインパクトが大きいと想定される場合は、譲渡代金減額、分割払い（アーンアウト又はクローバックという意味ではなく、文字どおりの意味において、ただし税務上の取扱いに留意が必要です。）、エスクロー（信託課税の問題があるため留意が必要です、中小零細企業M&Aにおける利用は皆無と想定されます）で対応するべきです。筆者は、契約中止（破談）がベストと考えます。

　なお、M&Aスキームが事業譲渡である場合、最終契約書は事業譲渡契約書になります。この場合、「譲渡代金A円（消費税別途）」と明記する必要があります。大阪地判平成11年4月23日判決によれば、最終契約書において、当該明記がない場合、買主の売主に対する消費税相当額の支払義務がないとされる可能性も生じます。

---

22 平成20年10月1日裁決（裁決事例集76号573頁　国税不服審判所ホームページ http://www.kfs.go.jp/service/JP/76/33/index.html）参照のこと。

23 第2次納税義務については、別途、特別な条項が必要なことについて、小山浩『企業実務上留意すべき重要租税判決の解説』（租税研究764号、2013）p.318以下を参照のこと。また、特別補償を設けることも実務では考えられますが、上掲『M&Aの契約実務』p.279～280において「税務の取扱い（…筆者中略…）などの法令の解釈や事実認定が分かれ得るような論点については、特別補償の規定を定めること自体が対象会社による違法行為を認めるような外見になりかねない」との見解もあり、現実的に設定は困難と考えられます。

Ⅲ─4　不動産管理会社における管理手数料のエビデンス

Q 不動産管理会社における管理手数料のエビデンスについて具体的記載方法を教えてください。

A 先述のとおり下記の契約書があったとしても、実態は別途必ず確認されますので、書式だけそろえても意味がありません。通常の税実務では実態の把握と是正を意識します。特に本件は実態なき場合、すべて指摘事項とされます。

【解　説】

　Ⅲ─3の契約書の一部抜粋です。不動産管理会社の不動産管理手数料という観点でいうと、下記の部分が極めて重要です。

　（業務委託等）

第1条　甲は，次に定める業務（以下「委託業務」という）を乙へ委託し，乙はこれを受託する。★1

　　（中略）

　──── （分担表） ────

　　（中略）

　（委託料）

第3条　本契約の委託料は，各月における乙の実績により算出されるものとする。なお、実績表の算定方法は甲乙協議による。★2

　──── （実績表） ────

★1　管理の実態があることが大前提となります。そして、

・同族特殊関係者法人である不動産管理会社

・外部（純然たる第三者）の不動産管理会社

での管理分担一覧表を作成します。

　不動産の管理という面では一般的に下記の２区分がなされます。

○PM業務（プロパティマネジメント（Property Management））

・空室募集（リーシング）、契約締結

・入居者対応として、クレーム応対、賃料回収、滞納者・未納者への督促、退去者への解約業務

・修繕・工事・リフォームのコスト管理（修繕指示や修繕計画の作成）

○BM業務（ビルマネジメント（Building Management））

・清掃や景観管理、設備の点検、簡単な清掃や簡単な修繕

・警備や防災、巡回

　通常PM業務については同族特殊関係者間不動産管理会社では無理です。ここは外部の管理会社に任せるのが通常です。

　BM業務については、大規模修繕は無理だとして、それ以外の簡単な業務ならできる可能性もあります。

　そこで不動産管理会社に係る管理手数料のエビデンスとしては、

・分担表で自社できるもの、第三者に投げるものを明確に区別する

・第三者に管理を全てお願いした場合の手数料について複数の業者から見積りをとる……（A）

・そのうち分担表に従い、自社でできる分を明らかにしたうえで再度複数の業者から見積りをとる……（B）

・（A）－（B）＝自社の管理手数料部分

と簡易に算定することができます。

　複数の業者からの見積りは多ければ多いに越したことはありません。

★2　そもそも実態が伴っていない場合、その手数料全額が指摘項目となり得るため、上記（106頁★3）の「業務委託について不履行による係争では原告、被告に工程表を提出させることが多いです。これは裁

判官が工程表で何をいつどこまでしたかお互いの齟齬を認識したい、という意味もあります。これは係争でなくても同じことがいえ、当事者が工程進捗に齟齬がないか意識したいのは当然といえます。これを定期的に報告し、実績表として残す、というのが理想的な証拠となります。」と同じことを行います。

第 IV 章

同族特殊関係者と交際費
に係るエビデンス

Ⅳ－1　交際費であることを疎明するためのエビデンス

> **Q** 役員の私的支出ではなく交際費であったと疎明できるエビデンスを教えてください。

A 交際費に該当することによる損金不算入については、一般の中小企業においては、損金算入限度額が拡大したため、特段、論点ではなくなりました。しかし、交際費や会議費として処理されていたものが役員の私的支出であったとすると役員給与（旧役員賞与）認定される可能性があります。

したがって、本書では後者についてのみ触れます。

【解　説】

まずは交際費や会議費と認められる一般的な雛形を用意します。

【役員の私的な支出でない旨を明示した経費精算書】

経費精算書

作成日令和○年○月○日
支払日令和○年○月○日

勘定科目名　交際費★1

支払方法　★2
振込
現金
その他（　　　　　）

経理部　担当部

【今回の経費の内容】・・・★2・★3
　　本体価格　①　○○円
　　消費税等　②　○○円
　　支払金額（総額）　③　○○円

※消費税等の区分
　　（　）課税仕入・課税売上対応
　　（　）課税仕入・共通売上対応
　　（　）課税仕入・非課税売上対応
　　（　）非課税又は課税対象外

内容　★3
○○株式会社○○社長就任祝いの○○（例えば生花）代

支払先
○○花店

備考
（事由）
　○○株式会社は現在のところ当社との取引関係はない。
　しかし、今般、社長に就任した○○氏は、当社○○社長の親族であり、新規の取引開始が見込まれる。そこで、その営業活動の一環として○○社長就任祝いとして○○を贈った。

★1　交際費として処理したい場合、会議費、福利厚生費、情報提供等々役員の私的流用でないことを強調します。

★2　エクセル等々で作成してください。ここにあるのは最低限の事項
　です。より詳細に区分されていればなお良いです。

★3　最も重要なところはこの内容です。

・できれば打ち合わせ資料は別途欲しいところです。

・上記は現実的に困難なのでこちらの経費精算書において詳細を記載し
　ておきます。

　交際費としての性格を有する場合、下記を追加記載します。

【今回の経費の内容】
本体価格　①　○○円
消費税等　②　○○円
支払金額（総額）　③　○○円
接待飲食費使用伺書
・実施予定日
・相手先
・内容
・人数　相手先○○人　当社○○人
・実施場所
・予定金額
・実施目的
・備考

　さらに、交際費としての性格を有する場合、「領収証」（原本）を添付
します。

　その場合、領収証の裏に下記を記載します。

・接待相手先

→名称

→当社との関係

・相手先の出席者・人数

・当社の出席者・人数

・合計人数

会議費の場合、下記を記載します。

【今回の経費の内容】

本体価格　①　○○円

消費税等　②　○○円

支払金額（総額）　③　○○円

・実施日

・実施場所

・出席者

・会議・打ち合わせのテーマ

・会議・打ち合わせの概要

Ⅳ—2　交際費等の勘定科目と重加算税の関係

> **Q** 交際費等の勘定科目と重加算税の関係について教えてください。

> **A** 当初処理時の勘定科目が違っていても直ちに重加算税が課されることはありません。裏を返せば当初の勘定科目自体が証拠にはならない、ともいえます。あくまで原則論ですが、租税法は課税所得計算が正しいかを見ており、勘定科目には介入しません。

【解　説】

　「法人税の重加算税の取扱いについて（事務運営指針）」にも「確定した決算の基礎となった帳簿に、交際費等又は寄附金のように損金算入について制限のある費用を単に他の費用科目に計上している場合」は「帳簿書類の隠匿、虚偽記載等に該当しない」とあります。

　当初処理時の勘定科目が納税者の認識と違っただけであり、それが隠蔽、仮装に該当しないものであるなら、当然、それは重加算税の対象になり得ません。

重要情報1

○　（重加算税／隠ぺい・仮装行為）審査請求人が土地等の売主A社に売買代金とは別に、A社の増額要求に応じて支払った金員は、土地等の売買代金ではなく交際費等に該当するが、その金員を売買代金として損金の額に算入したことにつき、隠ぺい又は仮装に該当する事由はないとして、重加算税の賦課決定処分を取り消した事例（平22－04－20裁決）TAINSコードＦ０－２－388

＜裁決の要旨＞

1　本件は、一般土木建築工事業を営む請求人の法人税について、原処分庁が、請求人の売上原価のうち追加して売主A社に支払ったとする

転売した土地の購入代金は架空計上されたものであるなどとして、更正処分等を行ったのに対し、請求人が、原処分庁の事実認定に誤りがあるとして、当該更正処分等の全部の取消しを求めた事案である。

2　本件別口金により支払われた金員は、本件売買契約の代金とは別の性格の資金として用意され、Ａ社の会長と称されるＫに支払われたものの、請求人のＡ社に対する本件売買契約上の何らかの債務を消滅させるための支払とは認められず、少なくとも本件土地等の売買代金すなわち売上原価とみることはできない。

3　本件別口金により支払われた金員は、請求人及びＦ社によって、Ａ社の関係者であるＫに対し、本件売買契約を円滑に進めるために、贈呈されたものであるから、事業に直接関係のない者に対して贈与されたものとは認められないので、寄附金に該当するものとはいえない。交際費の要件は、事業に関係のある者に対し、親ぼくの度を深める目的で、行われた贈答等であると解されるところ、本件別口金により支払われた金員は、請求人及びＦ社から、Ａ社の関係者であるＫに対し、本件売買契約を円滑に進めるために、贈呈されたものであるから、租税特別措置法第61条の4第3項に規定する交際費等に該当するというべきである。

4　本件別口金により支払われた金員の費用としての性格は、交際費等に該当するが、本件別口金のうち、50％部分は、請求人が負担したものではなくＦ社が負担したものであり、請求人別口金（50％部分）は、請求人が負担したものである。したがって、本件別口金のうち、Ｆ社が負担した50％部分は、本件事業年度の損金の額に算入されるものではなく、事実、請求人は算入しておらず、また、請求人が負担した50％部分は、交際費等として、本件事業年度の損金の額に算入されることになる。

5　請求人別口金の支払は、Ａ社の会長と称されるＫから本件売買契約の締結過程で求められ、その締結及び代金支払と同じ機会になされたことからすれば、請求人の代表者が、当該請求人別口金の支払を本件土地等の代金の支払に含まれると認識していたことは十分考えられ、

交際費等に当たるものと認識していたと認めるに足る証拠はない。

6　そうすると、請求人が、請求人別口金により支払われた金員を本件土地等の売買代金として損金の額に算入したことについて、故意に事実をわい曲し、あるいは隠ぺい・脱漏したとまで認められない。したがって、本件更正処分の基礎となった事実のうちには、国税通則法第68条第1項に規定する隠ぺい又は仮装に該当する事由はないと認めるのが相当である。

〈判断（一部抜粋）〉

ロ　判　断

（ロ）法令の適用

　請求人別口金により支払われた■■■■■は、上記（1）のロの（ロ）のFのとおり、交際費等に該当するが、前記1の（4）のリの（ハ）のとおり、請求人の総勘定元帳には「■■■■■■■」と記載され、「商品土地仕入高」勘定として損金の額に算入されており、■■■■は、当審判所に対して、本件売買契約の決済は1回でしており、総勘定元帳に「土地手付金」と記載したのは私が指示したものではなく、経理の者のミスである旨答述する。

　この点、■■■■が請求人別口金により支払われた■■■■■の経理処理にいかなる関与をしたか明らかではないが、この■■■■■の支払は、■■■の会長と称される■■■■から本件売買契約の締結過程で求められ、その締結及び代金支払と同じ機会になされたことからすれば、■■■■が当該■■■■■を本件土地等の代金の支払に含まれるものと認識していたことは十分考えられ、交際費等に当たるものと認識していたと認めるに足りる証拠はない。（※下線筆者）

　そうすると、請求人が、請求人別口金により支払われた■■■■■を本件土地等の売買代金として損金の額に算入したことについて、故意に事実をわい曲し、あるいは隠ぺい・脱漏したとまでは認められない。

　また、上記（1）のロの（ロ）のEの（A）のとおり、■■■■に相当する金額については、売上原価に過大計上されていないのであるか

ら、故意に事実をわい曲し、あるいは隠ぺい・脱漏したとは認められない。

　したがって、本件更正処分の基礎となった事実のうちには、通則法第68条第1項に規定する隠ぺい又は仮装に該当する事由はないと認めるのが相当である。

第V章

同族特殊関係者と
金銭消費貸借契約
に係るエビデンス

Ⅴ—1　オーナーと同族法人間の金銭消費貸借契約に係るエビデンス

> **Q** オーナー（同族特殊関係者）と同族法人との間の金銭消費貸借契約に係るエビデンスについて教えてください。

> **A** 実務ではそもそも作成をしていないケースが多く見受けられます。しかし、相続税申告や残余財産の分配、DES（デット・エクイティ・スワップ）等々、その実在性について検討しなければならない事態に非常に多く遭遇します。下記の証拠について通常の実務から作成することを意識する必要があります。

【解　説】

（1）金銭消費貸借契約：親→子

金銭消費貸借契約書

　貸主＿＿＿＿＿＿＿＿を甲、借主＿＿＿＿＿＿＿＿＿を乙とし、次の通り金銭消費貸借契約を締結した。

第1条　甲は、乙に対し、金＿＿＿＿＿＿万円を以下の約定で貸付け、乙は、これを借り受け、受領した。

第2条　乙は、甲に対し、前条の借入金＿＿＿＿万円を、令和＿＿年＿＿月から令和＿＿年＿＿月まで毎月＿＿日限り、金＿＿＿＿万円を＿＿回の分割で、甲に持参又は甲の指定する銀行口座に送金して支払う。ただし、甲乙間の合意をもって1年分後払いも許容される。

第3条　本件貸金の利息は、前月支払い後の残金に対する年＿＿＿パー

セントの割合とし、乙は、毎月＿＿日限り当月分を甲方に持参又は送金して支払う。ただし、甲乙間の合意を持って１年後後払いも許容される。★¹

第４条　乙は、次の事由の一つでも生じた場合には、甲からの通知催告がなくても乙は当然に期限の利益を失い、直ちに元利金を支払う。

①　第２条の分割金又は第３条の利息を、２回以上連続で支払わないとき。

②　他の債務につき仮差押え、仮処分又は強制執行を受けたとき。

③　他の債権につき債務整理又は破産、再生手続開始の申立てを受けたとき。

④　乙が、甲に通知なくして住所を変更したとき。

⑤　その他本契約の条項に違反したとき。

第５条　期限後又は期限の利益を喪失したときは、以後完済に至るまで、乙は、甲に対し、残元金に対する年＿＿パーセントの割合による遅延損害金を支払う。

第６条　本契約から発生する紛争の第一審の管轄裁判所は、甲の住所地を管轄する裁判所とする。

　上記の通り、甲乙間に消費貸借契約が成立したことの証しとして、本契約書２通を作成し、甲乙が署名押印の上、各１通ずつを保持する。

　令和　年　月　日
　貸主（甲）住所
　　　　　氏名　　　　　　　　印

　借主（乙）住所
　　　　　氏名　　　　　　　　印

★1　親子間なので利率の設定まで神経質になる必要はありません（相基通9-10）。元本が大きいもののみ配慮すべきです。

元本：1年後1年分後払い、返済は必須（贈与認定回避）

利息：1年後1年分後払い

でも問題ありません。

　非常に元本が大きく仮に利率を考慮するなら適正な利率の決定として、

・平均調達金利

・無借金の場合、短期プライムレート以下の金額

になります。法人間と同様の設定でも問題ありません。

　上記契約書の他に通帳間を通した元本の返済が必要です。現金授受ではエビデンス力が一切ありません。借主が未成年者など幼児の場合、法定代理人親署名押印が必要です。この場合、印鑑は別にします。計3種の印鑑が必要になります[24]。

---

24 贈与契約の事例ですが、「贈与契約に顕名なしも、代理行為は有効（週刊T ＆ Amaster 2022年10月3日号・№948）審判所、贈与手続は請求人に包括委任と判断し原処分を全部取消し」についても併せてご参照ください。

（２）金銭消費貸借契約：社長→法人（法人→社長）

取締役会議事録

（中略）

【議案】

第1号議案　金銭消費貸借契約締結の件（多額の借財（借入）の件）★1

　議長は○○○○○○○○○○○○○○○○○○○○○資金が必要であり、○○○○との間で下記及び別紙の条件で、借入れを行いたい旨の提案を行い、その承認を求めたところ出席取締役全員異議なく承認可決した。

記

借入日：	令和○年○○月○○日
借入額：	金○○○○○○○○円
返済日：	令和○年○○月○○日
利息：	年○％
損害金：	年○％
返済方法：	別紙返済計画表を参照のこと

以上

★1　オーナー貸付け（役員借入金）では疎明力が高まります。確定日付があるとなお望ましいです。

金銭消費貸借契約書

　貸主＿＿＿＿＿＿＿＿を甲、借主○○株式会社を乙とし、甲が乙に対し、乙の営業資金にあてるため、次の通り金銭消費貸借契約を締結した。★1

第1条　　甲は、乙に対し、金＿＿＿＿＿＿＿万円を以下の約定で貸付け、乙は、これを借受け、受領した。★2

第2条　乙は、甲に対し、前条の借入金＿＿＿＿万円を、令和＿＿年＿＿月から令和＿＿年＿＿月まで毎月＿＿日限り、金＿＿＿＿万円を＿＿回の分割で、甲に持参又は甲の指定する銀行口座に送金して支払う。ただし甲乙間の合意をもって1年分後払いも許容される。

第3条　本件貸金の利息は、前月支払い後の残金に対する年＿＿パーセントの割合とし、乙は、毎月＿＿日限り当月分を甲方に持参又は送金して支払う。ただし、甲乙間の合意を持って1年後後払いも許容される。★3

（以下略）

★1　上記と真逆であるオーナー借入金については、
　・議事録は「できれば」あったほうがよいです。
　・金銭消費貸借契約書の作成は必要です。
　・元本返済のみならず利息の計上も必須です。
★2　利率の設定まで神経質になる必要はありません（パチンコ平和事件）。
　元本：1年後1年分後払い（返済は必須）についてもあまり配慮する必要はありません。
★3　利息：1年後1年分後払いでも問題ありません。

利率を考慮するなら適正な利率の決定として、
・平均調達金利
・無借金の場合、短期プライムレート以下の金額
になります。法人間と同様の設定でも問題ありません。

　オーナー貸付金（会社では役員借入金）については、契約書の作成は必須です。これはそもそもが金銭消費貸借であったか、贈与にあたるのかの判断における出発点になるからです。金銭消費貸借の契約が仮にない、という場合、

①　通帳間での実際の資金移動（ただし、定期的に返済している事実が確認できていることが必須、返済の事実が長期にわたり存在しない場合、贈与認定）

②　帳簿記入（勘定科目内訳書作成も含めて）

という間接証拠の積み重ねが必要となります。オーナー法人では帳簿記入はほとんどエビデンスとしては意味がないため（帳簿の記入に恣意性を介入できるから）、通帳間の移動のほうがエビデンス力は強いです。しかし、いずれにせよ原始契約書がない場合、金銭消費貸借か贈与かに係る事実認定は必ずなされます。

　なお、原始契約書がない場合、時効も原則として成立しません。これも事実認定に着地しますが、例えば契約書がない状態で、上記の①②については整理・完備されていたとしても、いわゆる時効の起算点が明確にはなりません（通帳間の移動年月日で主張し得るかどうかは事実認定の問題です。）。

　仮に時効論点の主張をしたいのなら、かなり保守的な手法ですが、後述の債務承認契約書を作成することで当事者間の意思の合致を証明し、起算点を明確にすることができます。より詳細に研究したい向きは最判昭和56年6月30日判タ447号76頁をご参照ください。

重要情報１

○オーナー借入金（会社貸付金）の利息決定方法の一手法

　大阪高裁昭和47年（行コ）第42号法人税額更正決定取消等請求控訴事件（TAINSコードZ097－4169）

　（判決要旨）

(1)　金銭（元本）は、企業内で利用されることによる生産力を有するものであるから、これを保有するものは、これについて生ずる通常の果実相当額の利益をも享受しているものといいうるところ、右金銭（元本）がこれを保有する企業の内部において利用されているかぎりにおいては、右果実相当額の利益は、右利用により高められた企業の全体の利益に包含されて独立の収益としては認識されないけれども、これを他人に貸付けた場合には、借主の方においてこれを利用しうる期間内における右果実相当額の利益を享受しうるに至るのであるから、ここに、貸主から借主への右利益の移転があったものと考えられる。営利法人が金銭（元本）を無利息の約定で他に貸付けた場合には、借主からこれと対価的意義を有するものと認められる経済的利益の供与を受けているか、あるいは、他に当該営利法人がこれを受けることなく右果実相当額の利益を手離すことを首肯するに足りる何らかの合理的な経済目的その他の事情が存する場合でないかぎり、当該貸付がなされる場合にその当事者間で通常ありうべき利率による金銭相当額の経済的利益か借主に移転したものとして顕在化したといいうるのであり、右利率による金銭相当額の経済的利益が無償で借主に提供されたものとしてこれが当該法人の収益として認識されることになるのである。

(2)　寄付金が法人の収益を生み出すのに必要な費用といえるかどうかは、きわめて判定の困難な問題である。もしそれが法人の事業に関連を有しない場合は、明白に利益処分の性質をもつと解すべきであろう。しかし、法人がその支出した寄付金について損金経理をした場合、そのうちどれだけが費用の性質をもち、どれだけが利益処分の性質をもつかを客観的に判定することか至難であるところから、法は、行政的

便宜及び公平の維持の観点から、一種のフィクションとして、統一的な損金算入限度額を設け、寄付金のうち、その範囲内の金額は費用として損金算入を認め、それを超える部分の金額は損金に算入されないものとしている（法37条２項）。したがって、経済的利益の無償の供与等に当たることが肯定されれば、それが法37条５項かっこ内所定のものに該当しないかぎり、それが事業と関連を有し法人の収益を生み出すのに必要な費用といえる場合であっても、寄付金性を失うことはないというべきである。

(3)　本件親会社は、自社の一部門として販売部門を設置する方法もあったのにあえて子会社を設立したのであり、子会社は当然利息を支払わなければならない中小企業金融公庫からの融資を見込んで設立され、その速やかな独立自営の達成を目的として、親会社から子会社に対し本件無利息融資がなされ、子会社は、設立の当初から利息の支払ができないような資産状態であったとはいえないのに、親会社は、あえて利息の自己負担において本件無利息融資をしたのである。親会社は、本件無利息融資による利息相当額の利益と対価的意義を有するものと認められる経済的利益の供与を受けているとは到底認めがたく、また、営利法人である被控訴人が本件無利息融資により無償でその利息相当額の利益を手離すことを首肯させるに足る合理的理由も見出しがたい。従って、本件無利息融資に係る利息相当額の収益が生じ、その経済的利益の供与は、法人税法上寄付金に当る。

(4)　通常、金銭消費貸借において当該当事者間において利息の割合を定めるにあたっては、貸借の理由、貸主と借主との関係、貸主の貸付資金捻出の手段、借主の借金を必要とする度合等、種々の要素が働くものであるから、控訴人のいうように年10パーセントをもって直ちに当該無利息貸付に係る通常ありうべき利率であるとすることはできない。

本件無利息融資に係る個別的な資金の手当は明らかでなく、親会社の利息負担額も明らかでない。このような場合、商事法定利率年６パーセントが２、３年定期預金利息の利率とも近似し妥当である。

　上記判示中、「本件において寄付金とされる利息相当額については、
⑴その融資、返済の出入り回数が多く、また、その金額が大小さまざま
であるため、その融資額ごとに適正な利息相当額を計算することは複雑
困難であるばかりではなく、その実益が少ないので、最も合理的な計算
方法として、別表⑴記載の各月末現在における融資残額を合計した金額
を12か月で除し、被控訴人の東洋化成に対する本件各係争事業年度中
における各月末現在の平均融資残額を算出のうえ、⑵これに通常借入れ
に必要な利率と考えられる年10パーセントを乗じて、⑶本件第1事業
年度の利息相当額を214万1,739円、本件第2事業年度の利息相当額を
265万4,460円と算出した、と説明する」とあり、毎月末の貸付金残高
が変動している場合、

　（STEP1）毎月末の残高を算定し、1事業年度分（12か月分）を合算

　（STEP2）合算したものを12月で割る。当該金額（平均残高）に利率
を乗ずる

　このような方法も認められます。有利なほうを選択すべきです。

　同族法人間での金銭消費貸借契約も上記と同様です。疎明力を高める
ため元本返済、利息の授受について通帳間で行うことを徹底します。

　同族法人間での合理的な再建計画に基づく無利息貸付の場合、子法人
がいかなる事業計画（将来キャッシュフロー計算書の整理）をしている
かを疎明する必要があります。具体的には子法人において事業計画書の
ベスト、ニュートラル、ワーストのそれぞれのシナリオを用意し、

　・支援した場合、ワーストシナリオでも子法人は再生できる

　・支援しない場合、ベストシナリオでも子法人は自力再生できない
ことを明確にします。

　上記を踏まえると下記のような雛形が考えられます（法基通9－4－
1）。

稟議書（子会社（関連会社）財務健全化計画）

令和●年●月●日

　下記の件につき、ご承認いただきたい。

1．当社と●社の関係について

　当社と子会社●社の間には完全支配関係

　（※注：●％支配関係、●％議決権等々内訳明記）がある。

2．●社の財政状態等　★1

　　●　社

・過去5年程度～当社において損金計上するまでの間1年ごと

・借入金

・純資産価額

・EBITDA　等々

3．●社に対して損失負担を行う「相当な理由」

　当社の収益性は、●社の影響により、大幅に悪化していることは明らかである。

　当社は、収益性を改善させるため、●社に対し一時的に多額の損失負担をすることにより●●部門から撤退することによって、将来、当社で生じ得る可能性がある、より大きな損失の負担を回避することができると見込まれる。

　さらに、当社は、●●部門から撤退するに際して、●社の財政状態を改善した上、●社への売却（M＆A）を実行することのほうが、●社を解散・清算するよりも、当社の損失負担額が少なくなることが明らかとなっている。（※注：別途検証エビデンスが必要のため、カットしても可能）

　したがって、●社の将来の売却（M＆A）を志向するにあたり、●

社に対する貸付債権残額●億円の債権放棄をして損失負担を行うこととする。具体的には、当社は、当期末（令和●年●月期）に、●社に対する貸付債権●億円を子会社に対する損失負担として損金処理する。

　そうすることで、●社の財政状態を改善する。

　そして、翌期末（令和●年●月期）までにおいて、●社についてその全株式を売却することとする。

　この方策は、経済合理性のある経営戦略上、最善である。

　この点につき、当社が今回の子会社整理に伴う●億円の損失負担を行うことに相当な理由があるといえる。

★1　ここで、

「子法人において事業計画書のベスト、ニュートラル、ワーストのそれぞれのシナリオを用意し、

　・支援した場合、ワーストシナリオでも子法人は再生できる

　・支援しない場合、ベストシナリオでも子法人は自力再生できない

　こと」を意識している事業計画書、将来キャッシュフロー計算書を記載します。

取締役会議事録

議案　●社に対する損失負担の決議

　当社の収益性は、●社の存在が原因で大幅に悪化しており、当社は、収益性を改善させるために、●社に対して一時的に多額の損失負担をして●●部門から撤退することで、将来的に当社で生じ得る可能性のある、より大きな損失の負担を回避することができる。

　さらに、当社は、●●部門から撤退するに際して、●社の財政状態を改善した上でM＆Aしたほうが、●社を解散・清算するよりも、当社の損失負担額が少ないことが明らかとなったことから、●社に対する貸付債権残額●億円について債権放棄による損失負担を行う。

　具体的な手続は、稟議書（（子会社財務健全化計画）「３子会社に対して損失負担を行う相当な理由」）のとおりであり、●社に対して損失負担をすることには相当な理由がある。

　これらを踏まえ、●社に対して損失負担を実行することについて決議を行う。★1

★1　上記のとおり、ここでも、

　「子法人において事業計画書のベスト、ニュートラル、ワーストのそれぞれのシナリオを用意し、

　　・支援した場合、ワーストシナリオでも子法人は再生できる

　　・支援しない場合、ベストシナリオでも子法人は自力再生できない

　こと」を意識している事業計画書、将来キャッシュフロー計算書を記載しても問題ありません。

　なお、上述までの法人間に係る論点については、グループ法人税制適用下では、特段留意しないこともあります。

Ⅴ—2　DES実行時に係るエビデンス

Q DES実行時に係るエビデンスについて教えてください。

A DES時点で法人借入金の実在性を担保するため、別途契約書を残すことがあります。しかし、必須のものではありません。実務でも実働する司法書士によって対応がさまざまであったりします。

【解　説】

　下記のようにDES（デット・エクイティ・スワップ）実行前に債務の実在性を確認する契約書を作成することもあります。

債務承認契約書[25]

　○○○○（以下、「甲」という。）及び○○○○（以下、「乙」という。）は、乙の甲に対する借入金について、本日、以下のとおり確認合意した。

　第1条（債務の確認）甲及び乙は、令和○年○月末日現在、乙が甲に対して、金銭消費貸借契約に基づく借入金債務として、金○円の債務を負っていることを確認する。

　以上のとおり、確認合意が成立したので本契約書を2通作成し、各自押印の上、各1通を所持することとする。
　　令和　年　月　日

　　　　　　　　　　　　　　　甲）住所
　　　　　　　　　　　　　　　　　氏名　　　　　印
　　　　　　　　　　　　　　　乙）住所
　　　　　　　　　　　　　　　　　氏名　　　　　印

　仮にこの契約書を作成した場合、DES実行時の文言が多少変わります。

25（参照）印紙と契約書に係る諸論点
　　永井徳人・他『契約書に活かす税務のポイント―比べて分かる 基本とスキーム選択・条文表現』中央経済社（2016）該当箇所を適宜参照しています。
○契約金額変更
・増減額の記載…増額の場合、それに応じて印紙税決定、減額の場合、印紙税の課税文書に非該当
・増減額が記載内容から算出できる場合…上記と同じ取扱い
・契約後の金額のみわかる場合…契約後の金額で印紙税決定
　すなわち、増減額（差額）で判定した方が印紙税は安く済むので有利です。
○消費税の記載
　下記では実務でOKなものには文頭にOKを付しています。
・内税、外税記載なし…税込金額で決定
OK・外税で消費税額の記載なし…税抜価格で判定
OK・内税で消費税額の記載あり…税抜価格で決定
OK・内税・外税の金額併記…税抜価格で決定
・内税で消費税率記載あり…税込価格で決定
・内税で消費税額の記載なし…税込価格で決定
○課税事項と不課税事項の混在
・代金内訳あり…当該内訳に応じて判定
・代金内訳なし…契約金額全体に応じて判定
○複数の課税事項を含む場合
・2つ以上の課税事項含む契約書はいずれか1つにより判定
…それぞれの契約金額を比較し最も大きい契約に係る金額で判定
・内訳ない場合
…契約金額全体で判定
○契約書の原本とコピー
　契約書原本は2通作成せず、1つをコピーとすれば印紙税の節税になります。

臨時株主総会議事録

（中略）

第1号議案　募集株式発行の件

　議長は、下記により募集株式を発行したい旨を述べ、その理由を詳細に説明し、その賛否を議場にはかったところ、満場一致をもって承認可決した。

（中略）

　6　現物出資に関する事項

　新株につき、現物出資をする者の氏名、出資、出資の目的たる財産、その価格及びこれに対し与える株式は、下記の通りである。

現物出資の目的たる財産及び価格

　債権者●●と債務者株式会社○○との間における令和○○年○○月●●日付債務承認契約に基づく金銭債権

　債権金額○○円の内訳は下記の通りである。

　債権内容　貸付金　○○万円

　金額　●●円

　この価額　●●円

　現物出資をする者の氏名　●●

　上記に対して与える株式　普通株式　●●株

（以下略）

（参考）DESにおける借入金の法人税法上の時価

　評価額について、実態貸借対照表[26]が実質資産超過の場合は貸付金券面相当額、実質債務超過の場合はゼロ評価します。

　実態貸借対照表での実質債務超過状態での法人税法上の時価については評価方法は下記に分類されます。

○ゼロ評価…課税実務上、これが一番安全です。当然納税者に最も不利です[27, 28, 29]。

---

26 税務において実態貸借表について直接言及しているのは、国税庁HPの質疑応答事例で、以下のとおりである。

　「解散法人の残余財産がないと見込まれる場合の損金算入制度（法法59③）における「残余財産がないと見込まれるとき」の判定について」における「この点、一般的に、実態貸借対照表を作成するに当たっては、事業年度終了の時において有する資産に係る含み損益、退職が見込まれる従業員に将来支給する退職金など、その時において税務上損益の実現を認められないものであっても、法人の清算に当たって実現が見込まれる損益まで考慮して、その作成がされているところです。

　このようなことからすれば、本件照会における未払法人税等についても清算中の事業年度（適用年度）において税務上損益の実現は認められないものではありますが、実態貸借対照表の作成時（X年11月末）の状況で将来発生が見込まれるものであることから、その実態貸借対照表に計上しているものと考えられます。」だけになる。

27 債務超過DESの場合、原則的な課税関係を仕訳にすると下記となる。

○会社仕訳及び税務申告書上の処理（以下、数値は全て仮値）

　債務超過DESでは、税会不一致が生じる。下記仕訳は評価額説を採用している（実務通説）。

○債務超過DES 対象会社

　（会社仕訳）

　借　入　金　15,000／資　本　金　　32,500
　借　入　金　30,000／資本準備金　　32,500
　借　入　金　20,000

　（申告調整）

　別表四　加算・留保　債務消滅益計上もれ　65,000
　別表五（一）（増加項目）資本金等の額　　　65,000

○法人債権者側

　（会社仕訳）

　有 価 証 券　15,000／貸 付 金　15,000

　（申告調整）

　別表四　減算・留保　債権譲渡損　15,000

　通常DESの場合、（無償）減資（又は住民税均等割削減スキーム）をDES後、実行する。

　金融機関を介在させて「銀行から会社に貸付⇒会社は役員に返済⇒当該金員で役員は会社に出資⇒当該出資金で銀行へ返済」という擬似DESに近似したスキームもある。この趣旨は、債務消滅益課税回避である。

○実務対応報告第6号「デット・エクイティ・スワップの実行時における債権者側の会計処理に関する実務上の取扱い」

…DCF法（実務上）、税務でも許容されます。

○適正評価手続に基づいて算定される債権及び不良債権担保不動産の価額の税務上の取扱いについて（法令解釈通達）

…DCF法

会社法では事実上、問題ない。見せ金に近似しているため、当該論点は払拭できないが、預合いと異なり、見せ金は、会社法で直接の禁止規定はなく、当該払込みについて有効か無効かについては学説も割れていること、そもそも中小・零細企業において当該状態を訴えるものはいないことから、実質的にクリアできている。現実論としての懸念事項は、DESや擬似DESと同様、払込み後の株価対策はいずれにせよ必要であること、金融機関が説得に応じる可能性が低いことだろう。

28 ①会社に対して債権放棄

貸付金放棄により、法人では債務免除益が計上される。繰越欠損金がある場合に実行する。後述の債務超過DESとの関係から実態貸借対照表ベースでプラスになるまでこれを実行し、プラスに転換したところで（通常）DESを行う。なお、相続税法第9条により、株式評価上昇に伴う、債権放棄者から既存株主への贈与（みなし贈与）が生じる。当然債権放棄前後で株価が0のままではみなし贈与は生じない。

債務免除益金額と繰越欠損金額の大小比較によっては、法人が清算し（個人成りして事業は継続する）期限切れ欠損金の損金算入についての検討を要する。この場合、質疑応答事例「法人が解散した場合の設立当初からの欠損金額の損金算入制度（法法59③）における「残余財産がないと見込まれるとき」の判定について」が参考になる。

当該質疑応答事例中にある「債務超過の状態であるかどうかは、一般的には実態貸借対照表（法人の有する資産・負債の価額（時価ベース）で作成された貸借対照表）」とは、財産評価基本通達によって評価替えした評価額ベースでも、財務DD後の数値でも問題ない。

また、当然ながら、債務免除は、行為計算否認（相法64①）は適用されない（浦和地裁昭和56年2月25日）。金子宏教授は「主要株主からの財産の死因贈与・低価買入等は、否認の対象となるが、同族会社の株主である被相続人が生前会社に対してなした債務免除（単独行為）は、否認の対象とならない」と代表的な教科書で述べておられる。

29 駆け込みDESに係るリスクという典型論点がある。下記は、筆者の経験に基づくもので、過去の裁決、裁判例ではない。令和○年6月30日に、対象会社がDESを実行。第三者割当増資の場合、税務上適正評価額は法人税基本通達9－1－14（法人税基本通達4－1－6、小会社方式）又は時価純資産価額で株価を評価する。ここでは、6月30日時点で、時価純資産価額で評価したものとする。その後、令和○年11月30日、対象会社のオーナーが死亡した。この際、相続税申告においては令和○年11月30日時点での相続税評価額（原則）を適用した。

その後の当局調査において、令和○年11月30日評価額についても時価純資産価額で評価すべきとの指摘がなされた。根拠は相続税法22条、法人税基本通達9－1－13(4)（4－1－5(4)）である。当該事例については、結果論だが、DESと相続発生の時期が近すぎた。

○企業再生税制適用場面においてDESが行われた場合の債権等の評価に
　係る税務上の取扱いについて

…文中で「時価」としか言及がなく実務では利用できません。

○過去の裁判例における時価

　東京地方裁判所平成19年（行ウ）第758号法人税更正処分取消請求
事件（棄却）（控訴）平成21年4月28日判決【DESによる債務消滅益の
益金算入／債権・債務の混同により生じた差額】（TAINSコードZ259－
11191）

　（判示一部抜粋）

　「そもそも債権の時価は、債務者の財務状況だけでなく、物的・人的
担保の有無、利息の有無及び多寡、利息・元本の種別、返済期間、従前
の支払状況等の諸要素を総合的に勘案して定まるものであり（後略）」

　債権の「時価」概念に対する言及は上記に留まり、実務で利用できま
せん。

第 VI 章

有姿除却・修繕費
に係るエビデンス

Ⅵ─1　有姿除却のエビデンス

> **Q** 固定資産の有姿除却のエビデンスについて教えてください。

> **A** 有姿除却の証拠保全は定番の手法になります。ここでは念のための確認として列挙していきます。
> 再利用しない、できないことが疎明力あるエビデンスとなります。

【解　説】

（1）機械設備等

・稟議書

・取締役会議事録

　除却にいたった理由を詳細に明記

○使用しなくなってから●年経過し、今後、使用することはない。

※この場合、当該機械設備の重要な一部分だけを廃棄します。廃棄コストが生じますが、廃棄業者に依頼した請求書、領収書等々のエビデンスを獲得することができます。これも定番ですが、写真を併せて撮っておくことも有効です。

○当該機械設備等で主に製作していた物は今後●●という理由のため製造しない。

○すべて廃棄すると多額なコストが生じる。資金繰りや対与信の関係で問題がある。

※上述、一部だけ廃棄はここでも効果を発揮します。

（2）建　物　等

・稟議書

・取締役会議事録

・事業計画の変更等がわかるもの

除却にいたった理由を詳細に明記

○使用しなくなってから●年経過し、今後、使用することはない。

※この場合、当該機械設備の重要な一部分だけを廃棄します。廃棄コストが生じますが、廃棄業者に依頼した請求書、領収書等々のエビデンスを獲得することができます。定番ですが、写真を併せて撮っておくことも有効です。

○当該機械設備等で主に製作していた物は今後●●という理由のため製造しない。

○すべて廃棄すると多額なコストが生じる。資金繰りや対与信の関係で問題がある。今回の場合、金額が非常に多額になるため、致し方なく……というニュアンスにする。

※上述、一部だけ廃棄はここでも効果を発揮します。

　上記（1）と異なるのは金額の重要性です。金額が多額になる分より精緻な記載が必要になります。したがって、事業計画書まで作成しておくことが必要になります。

（3）ソフトウェア（自社利用）

・稟議書
・金額が多額な場合は取締役会議事録
　除却にいたった理由を詳細に明記するのは上記と同様です。

（4）ソフトウェア（複写販売）

・稟議書
・金額が多額な場合は取締役会議事録
　法人いかんによっては売上等の構成が急に変化することもあるので、それが明らかな場合、事業計画書も作成保全します。

　この他、商品カタログにより型落ちが明確であることや、廃棄業者から廃棄証明をとるといったことも定番の手法になります。
　再利用しない、できないことが疎明力あるエビデンスとなります。そ

れにつき有名な裁判例として下記があります。

重要情報

〇有姿除却／火力発電設備の再使用可能性の有無

　東京地方裁判所平成17年（行ウ）第597号法人税更正処分等取消請求事件（全部取消し）（確定）（納税者勝訴）平成19年1月31日判決（TAINSコード Z 257－10623）

　電力会社が5基の発電設備を一括して全部につき計上した有姿除却(注)に係る除却損が、同業他社で再稼働や再利用された実績がないこと等から認められた事例

　本件は、電力会社（原告）が電気事業法等に基づく廃止手続き後、5基の火力発電設備を一括して全部につき有姿除却に係る除却損を計上したところ、課税庁（被告）はその本来の用法に従って事業の用に供される可能性があるとして除却損の損金算入を否認したことから、その取消しを求めた事案です。

　争点は、本件火力発電設備の除却損を損金に算入することができるかどうかです。

　地裁は、既存の施設場所におけるその電気事業固定資産としての固有の用途を廃止した場合に、電気事業固定資産の除却を計上すべきと判示しました。そして、原告において、設備余剰の状態が顕著になっていたことや法定耐用年数を大幅に超えて運用されていたこと等のほか、仮に再稼働させるとなると多大の費用と時間を投じなければいけないことや他電力会社で同種発電設備廃止後に再稼働された実績がないことから再稼働や再利用される可能性がないと判断し、除却の要件を充足するとして有姿除却を認めました。

　本件は、一審の納税者勝訴で課税庁の控訴がなく、確定しています。

（注）対象となる固定資産が物理的に廃棄されていない状態で税務上除却処理すること

Ⅵ—2　修繕費のエビデンス

> **Q** 修繕費のエビデンスについて教えてください。

> **A** 修繕費の証拠保全についても定番の手法になります。ここでは念のための確認として列挙していきます。稟議書の文言や添付されるべき写真が疎明力を高めます。

【解　説】

・稟議書

・取締役会議事録

・事業計画書

　これらすべてが必要になる場面は多くありません。取締役会議事録と事業計画書は金額的に重要な場合、作成保全されるもので、それなら資本的支出になるからです。

　したがって、稟議書とそれに添付資料をつける、という単純なものになります。

　稟議書に記載すべき文言で留意すべき項目は、以下のとおりです。

・○○補修工事

　詳細に記載します。資本的支出を意識するなら「特定毀損箇所○○部分についての○○補修」とまで記載が必要です。

・事由

　特定毀損箇所○○部分について現況写真を撮り、それを添付します。なお、修繕後の写真もあるとよいです。

　修繕費関係の法人税基本通達を意識した記載で「施工方法は従来どおり、使用材料も従来通り」といった文言を入れます。すなわち価値の増加やこの施行で耐用年数が延長する性質のものでないことを強調します。

　なお、租税法上の修繕費とは「元通りにする」という意味です。

第 VII 章

貸倒損失
に係るエビデンス

Ⅶ―1　貸倒損失に係るエビデンスの当局の考え方

> **Q** 貸倒損失について当局のエビデンスに係る考え方を教えてください。

> **A** 下記の当局資料は、論点が分散しています。貸倒損失においては法人税基本通達9－6－1が争点になっています。しかし、貸倒損失に係る証拠の考え方について基本的項目を述べているので検証します。

【解　説】

　下記、下線筆者箇所が当局が念査する箇所になります。

○調査に生かす判決情報013

　平成19年12月　法人税において債務者の債務超過の状態を判断する際、土地の時価はどう計算するのか？－貸倒損失の計上の可否－東京地裁平成19年9月27日判決（納税者の請求棄却・■■■■）東京国税局課税第一部国税訟務官室

《ポイント》

　債務者の所有土地につき①路線価を基にして0.8で除した価額を時価相当額とみなし、また、②固定資産税評価額を基にして0.7で除した価額を時価相当額とみなして債務超過の状態を判断したことは相当性を有する。

　納税者が貸倒損失の計上に当たり、債務者の債務超過の状態を判断する際に、債務者の有する土地の評価を路線価及び固定資産評価額により行うことは、認められない。

○　相続税における時価と法人税における時価は、異なる。

○　固定資産税における時価と法人税における時価も、異なる。

○　路線価は、地価公示価格と同水準の価格の80％程度を目途に定め

ている。

○　固定資産税評価額は、地価公示価格と同水準の価格の70％程度を目途に定めている。

▼　債権放棄通知による貸倒損失の計上後、当該貸倒損失の否認を受けたために、債権放棄通知書の撤回をした場合においても、当該貸倒損失の否認には影響を及ぼさない。

○　書面による債権放棄の場合は、必ずしも当事者間の協議により締結された契約による必要はなく、債権者たる法人が債務者に対して書面により債務免除の事実を明らかにしていれば足りる。

○　債権者が債務者に対して書面により債権放棄（債務免除）をした場合であっても、その債権放棄がその債務者に対する贈与と認められるものであるときは、貸倒損失として単純な損金算入は認められず、別途、寄附金の損金算入限度額を計算することとなる。

○　債務者に対して書面により債権放棄をした後に、貸倒損失の否認を受けたため、その債権放棄通知書の撤回をした場合であっても、当該貸倒損失の否認には、影響を及ぼさない。（※下線筆者）

（事件の概要）

1　X社（原告会社）は、■■■■■の製造販売業等を営む株式会社であり、青色申告の承認を受けている。また、A社（X社の関連会社）は、不動産の売買及び管理等を営む株式会社である。

2　X社は、A社に対し、立替金56,318,183円（以下「本件立替金」という。）を有していたが、取締役会で、本件立替金を貸倒損失として平成12年４月１日から平成13年３月31日までの事業年度（以下「本件事業年度」という。）の損金の額に算入する経理処理を行う旨の決議を行い、平成13年３月30日付けで本件立替金を放棄（以下「本件債権放棄」という。）する旨の「債権放棄通知書」と題する書面（以下「本件通知書」という。）をA社に送付した。

3　X社は、本件事業年度の法人税について、本件債権放棄に係る本件立替金を貸倒損失として損金の額に算入し、確定申告をした。

4　Y税務署長は、X社が、本件債権放棄を行い貸倒損失として計上し

た本件立替金の金額については、Ａ社が債務超過の状態になく本件立替金の全額が回収不能とは認められず、他に貸倒損失を計上する事実も発生していないこと、また、本件債権放棄が債務者の倒産を防止するためにやむを得ずに行われた等の経済合理性が存するものとは認められないことから、本件立替金の金額は寄附金の額に該当し、寄附金の損金算入限度額を超える部分の金額を所得金額に加算すべきであるとして、平成16年６月29日付けで、本件事業年度の法人税についての更正処分及び過少申告加算税の賦課決定処分（以下「本件更正処分等」という。）を行った。

5　Ｘ社は、本件更正処分等の後、Ａ社に対し、平成17年４月11日付けで本件通知書を撤回する旨の「債権放棄通知書の撤回について」と題する書面（以下「本件撤回書」という。）を送付した。

6　Ｘ社は、本件更正処分等の取消しを求め、適法な不服申立手続を経た後、平成18年８月７日に本訴を提起した。

7　なお、Ａ社については、Ｚ税務署長が、本件債権放棄に係る債務（本件立替金）について債務免除益を益金の額に算入すべきであるとし、平成16年９月29日付けで、法人税について更正処分及び過少申告加算税の賦課決定処分を行い、Ａ社は各処分の取消しを求めてＸ社と同時に平成18年８月７日に提訴している。

【取引概要図】

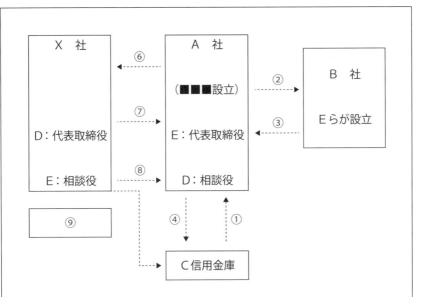

①昭和62年１月20日、5,000万円借入し、甲土地及び乙建物を購入
②甲土地及び乙建物を賃貸
③賃料月額40万円（平成６年２月以降月額20万円に減額）
④月額40万円を返済（平成７年11月６日完済）
⑤平成６年２月以降、Ａ社のＣ信用金庫への返済を月額20万円立替え。また、平成７年11月６日、Ａ社のＣ信用金庫に対する借入残高を一括返済
⑥乙建物を賃貸
⑦平成14年１月25日まで賃料月額21万円
⑧平成13年３月30日付けで本件通知書を送付
⑨本件立替金債権を、「その他特別損失」に計上

（納税者の主張（争点））
　本件更正処分等は、以下の理由によりいずれも違法である。

1　Ｘ社が本件立替金を貸倒損失として損金の額に算入したのは、次の各事項を総合的に検討した結果、本件立替金の返済を受けることがで

きないと判断したことによるものであり、その処理は妥当であるから認められるべきである。

①　土地の時価評価については、全国的に課税実務で行われている路線価方式を採用するのが課税評価基準であり、Ａ社の所有する土地の時価を路線価又は固定資産税評価額により同社の純資産価額を評価すると、同社は、連年債務超過の状況にある。

②　Ａ社は、事業不振で事業収入もほとんどなく、Ｘ社からの家賃収入によって会社を維持継続している状況である。

③　Ａ社は、今後とも事業が好転する見込みがないと判断される。また、Ａ社が保有する唯一の財産である土地を売却した場合、同社の倒産は確実であり、本件債権放棄時には、その土地は担保に供されており、これは土地評価減の要因になるもので、Ｘ社が当該土地を処分しても、本件立替金は回収不能であったことを意味する。

④　Ｘ社は、株式上場の意向をもっており、そのためには不良債権である本件立替金の貸倒処理が必須の条件で、不確定なまま放置できない。

2　法人税基本通達９－６－１（４）の貸倒損失が認められる要件は、①債務者の債務超過の状態が相当期間継続していること、②金銭債権の弁済を受けることができないこと、③債務者に対し書面により債務免除額が明らかである場合の３つがあり、Ｘ社は、①及び②の要件は疑念なくクリアしているので③の要件を充足するために本件通告書を作成しＡ社に送付したが、③の要件は、そもそも貸倒損失計上に不要である。

3　Ｘ社は、法人税基本通達９－６－１（４）の要件に合わせて本件通知書を送付したにすぎないものであり、もし、同社の解釈に誤りがあり貸倒損失の計上が認められないのであれば、これを撤回すべきものであった。そのため、同社は、貸倒損失の損金算入が認められなかったことから、本件撤回書を送付したのである。

（裁判所の判断要旨）

1　本件通知書を発した当時、甲土地を、地価公示価格の80％を目途

とした評価である路線価を0.8で除し、また、乙土地を、地価公示価格の70％を目途とした評価である固定資産税評価額を0.7で除することにより得られる時価相当額に基づいて算定した所有土地の評価額の合計は5,864万3,365円であって、総資産額は6,346万8,727円となるから、いずれにしても総負債額を上回っており、Ａ社は債務超過の状態にはなかったことになり、本件立替金が回収不能の状態にあったとも認められないというべきである。

2　Ｘ社は、Ａ社が債務超過の状態にあるかどうかを判断する場合には、甲土地は路線価をもって評価すべきであると主張するが、債権放棄に経済的合理性があるかどうか、債務者に支払能力がなく回収不能といえるかどうかは、債務者の有する財産を換価することにより実際にどれだけの支払原資が得られるかを基準に判断すべきものであるから、甲土地についても、その時点での時価により評価すべきものである。

　そして、地価公示が、土地の正常な価格、すなわち、自由な取引が行われるとした場合におけるその取引において通常成立すると認められる価格によって行われるものとされていること（地価公示法１条、２条２項参照）、路線価が、取引によらない偶発的な原因により生ずる相続税額を算定する際に基礎とされるものであって、平成12年分にあっては、地価公示価格の80％を目途とした控え目な評価によるものとされていることからすれば、その路線価を0.8で除した価額を甲土地の時価相当額とみなし、これを基にしてＡ社が債務超過の状態になかったものと判断したことは相当性を有するというべきである。

3　Ｘ社は、不良債権を貸倒損失として処理するために本件通知書を発したにすぎないのであって、Ａ社に対する寄附や贈与の意思がないにもかかわらず、法人税基本通達の基準を満たしていないという理由で、これを寄附金と認定するのは、懲罰的かつ過酷で非常識な課税処分であるとも主張するが、本件立替金の債権放棄については、これをＸ社からＡ社に対する経済的な利益の無償の供与とみるほかなく、また、Ａ社が債務超過・回収不能の状況になく、その他本件立替金の債権放棄をする経済的合理性があるものと認められない以上、その損金算入

を認めるべきものではないのであって、X社の主張は理由がない（※下線筆者）というべきである。

（調査に役立つ基礎知識）

1　相続税法における土地の価額

　相続税法における土地の価額は、原則として財産評価基準書で定められている路線価又は固定資産税評価額に所定の倍率を乗じて土地の価額を評価する倍率方式（以下「倍率」という。）に基づいて評価するのであるが、路線価及び倍率は、地価公示価格と同水準の価格の80％程度をめどに定められている。これは、土地の価額には相当の値幅があることや、路線価及び倍率は、相続税及び贈与税の課税に当たって1年間適用されるため、評価時点であるその年の1月1日以後の1年間の地価変動にも耐え得るものであることが必要であること等の評価上の安全性を配慮したものである。

2　固定資産税評価額における土地の価額

　固定資産税における固定資産の価格とは、総務大臣が定めた固定資産評価基準に基づいて評価された額を市町村長（東京23区内は都知事）が決定し、固定資産台帳に登録したものをいうのであるが、固定資産税評価額は、地価公示価格と同水準の価格の70％程度を目途に定められている。

3　法人税における土地の価額

　法人税の課税実務において、法人税基本通達9－1－14《上場有価証券等以外の株式の価額の特例》は、上場有価証券以外の株式について法人税法第33条第2項《資産の評価換えによる評価損の損金算入》の規定を適用する場合において、事業年度終了の時における当該株式の価額につき昭和39年4月25日付直資56・直審（資）17「財産評価基本通達」（以下「財産評価基本通達」という。）の178から189－7まで《取引相場のない株式の評価》の例によって算定した価額によっているときは、課税上弊害がない限り、原則としてこれを認める旨定めているところ、法人税において財産評価基本通達を援用する場合には、発行会社の有す

る資産のうち土地（借地権を含む。）と上場有価証券については、常に一般の市場価額によって評価すべきこととされている（法人税基本通達9－1－14（2）参照）。これは、特に土地については、一般の市場価額と相続税評価による土地評価額との間にかなり開きのあることがあり得ることから、この点を是正することとされているのである。

4　債権放棄

債権放棄とは、存在している債権を債務者の利益のために不存在とすることである。私法上、債権放棄は債権者が自由になし得るが、債務者においては、受贈益が生ずる。ただし、会社更生等による債務免除等があった場合には、法人税法第59条の特例がある。

なお、債権放棄が債権者の貸倒損失として損金算入が認められる金額は、次の金額に限られる（法人税基本通達9－6－1）。

①　会社更生法若しくは金融機関等の更生手続の特例等に関する法律の規定による更生計画認可の決定又は民事再生法の規定による再生計画認可の決定があった場合において、これらの決定により切り捨てられることとなった部分の金額

②　会社法の規定による特別清算に係る協定の認可の決定があった場合において、この決定により切り捨てられることとなった部分の金額

③　法令の規定による整理手続によらない関係者の協議決定で次に掲げるものにより切り捨てられることとなった部分の金額

　イ　債権者集会の協議決定で合理的な基準により債務者の負債整理を定めているもの

　ロ　行政機関又は金融機関その他の第三者のあっせんによる当事者間の協議により締結された契約でその内容がイに準ずるもの

④　債務者の債務超過の状態が相当期間継続し、その金銭債権の弁済を受けることができないと認められる場合において、その債務者に対し書面により明らかにされた債務免除額

5　「書面による債権放棄」についての実地調査上の留意点

前記「4」の「④」の書面による債権放棄を行う場合は、必ずしも当

事者間の協議により締結された契約による必要はなく、債権者が債務者に対して書面により債務免除の事実を明らかにしていれば足りる。したがって、必ずしも公正証書等の公証力のある書面によることを要しない。しかしながら、債務者に対して債務免除額を書面により明らかにする必要があるので、通常、郵便局の「内容証明郵便」（「7　内容証明郵便について」参照）で通知している場合が多い。

　（中略）

（注）　債権者が債務者に対して債権放棄（債務の免除）をした場合であっても、その債権放棄がその債務者に対する贈与と認められるものであるときは、その免除額の単純な損金算入は認められず、別途、寄附金の損金算入限度額を計算することとなる。

6　書面による債務免除を受けた債務者側の処理について

　法人税基本通達9－6－1（4）に規定する書面により債務免除を受けた債務者は、債務が消滅することから、債務免除益の計上が必要となる^(注)。そこで、実地調査に当たり、債権者が書面により債権放棄をした事実を把握した場合には、<u>当該債務者が債務免除益を益金の額に計上しているかどうかを確認する必要がある。</u>（※下線筆者）

（注）法人税基本通達9－6－1（1）～（3）の規定により切り捨てられることとなった部分の金額についても、債務者において債務免除益の計上が必要となる。

7　内容証明郵便について

　内容証明郵便は、郵便物の内容文書（受取人へ送達する文書をいう。以下同じ。）について、いつ、いかなる内容のものを誰から誰へ宛てて差し出したかということを、差出人が作成した謄本によって郵便局が証明する制度である。このように、郵便局が証明の対象とするのは、内容文書の存在であり、文書の内容が真実であるかどうかを証明するものではない。

　内容証明郵便の差出方法は、内容文書1通及び謄本2通に受取人の宛名を書いた封筒を添えて郵便局の窓口に提出すると、郵便局で所定の手続をして謄本1通を差出人に返してくれる^(注)。謄本とは、内容文書を

謄写した書面をいい、差出人及び郵便局の引受事業所において保管するものである。また、内容証明郵便を差し出した郵便局における謄本の保存期間は5年間である。この保存期間内であれば、差出人は、内容証明郵便の謄本の閲覧ができる。

　なお、内容証明郵便は、必ず一般書留とする必要があり（速達や配達証明を加えることもできる）、内容文書に捺印するかどうかは、差出人の任意であるが、謄本の内容を訂正する場合の訂正印や謄本の枚数が2枚以上にわたるときの契印は必要となる。

(注)債権放棄通知書を内容証明郵便で行う場合、差出人である債権者は、郵便局から差出人に返された謄本を保管し、債務者に対して債権放棄を行ったことの証拠としている[30]。

　上記の内容を意識しますと、下記の雛形が考えられます（親会社（もしくは当該法人）作成、法基通9－6－1（4））。

---

30 内容証明に関しては、国税庁質疑応答事例「第三者に対して債務免除を行った場合の貸倒れ」において「(2)　債務者に対する債務免除の事実は書面により明らかにされていれば足ります。この場合、必ずしも公正証書等の公証力のある書面によることを要しませんが、書面の交付の事実を明らかにするためには、債務者から受領書を受け取るか、内容証明郵便等により交付することが望ましいと考えられます。」とあります。

債権放棄通知書（内容証明郵便）

令和●年●月●日

東京都●●
株式会社●●
代表取締役　●●　様

東京都●●
株式会社●●
代表取締役●●

通知書

　当社は、貴社に対し、下記貸付債権を有しております（別紙参照）。諸般の状況に照らして、本書面をもって当該貸付債権のうち金●円を放棄します。

記

1. 貸付債権額　金●円
2. 貸付日　平成●年●月●日
3. 返済期日　令和●年●月●日
4. 利息　年●．●%
5. 遅延損害金　年●．●%

以上

稟議書（子会社（関連会社）に対する債権回収不能）

令和●年●月●日

下記の件につきご承認いただきたい。

１．●社（子会社（関連会社））に係る財政状態の推移

●社（●月決算）

・過去５年程度〜親会社における貸倒損失計上年まで１年ごと

・借入金

・純資産価額

・EBITDA　等々　★1

２．●社の状況と債権放棄までの経緯

●社は●年ほど前から●●部門について収益が急激に悪化している。

　それを受け、平成●年●月期に財政状態が悪化したため、当社は●社に対して、金銭消費貸借契約（別紙参照）（※筆者注：ここで原契約書の保管、添付が求められます。）に基づく●億円の貸付けを行った。

　しかし、その後も●社は、当該●●部門において特段の実績を上げられずにおり、さらに、平成●年●月期から（実質）債務超過状態となっている。

　当該状態について●期（※筆者注：少なくとも３年以上）継続したことから、当社は、当期末（令和●年●月期）に、当該貸付債権残高●億円のうち回収可能額を●億円と算定し、当該差額の貸付債権●億円については、債務免除する旨の「債権放棄通知書（内容証明郵便）」を●社に対して送付することにより、当該貸付債権●億円を債権放棄したい。

以上

171

★1　先述で登場した

　「子法人において事業計画書（将来キャッシュフロー計算書）のベスト・ニュートラル・ワーストのそれぞれのシナリオを用意し、

・支援した場合、ワーストシナリオでも子法人は再生できる

・支援しない場合、ベストシナリオでも子法人は自力再生できない

こと」を意識している事業計画、将来キャッシュフロー計算書を記載します。

取締役会議事録

議案　●社に対する貸付債権の債権放棄に係る決議

　●社は●年ほど前から●●部門の収益が急激に悪化し、平成●年●月期に財政状態が悪化したため、当社は●社に対し、金銭消費貸借契約（別紙参照）に基づく●円の貸付けを行った。

　しかし、その後も●社は、●●部門で特段の実績を上げられていない。

　別紙稟議書（1「財政状態の推移」）のとおり、平成●年●月期から（実質）債務超過状態となっており、当該状態は●期継続している。

　したがって、当社は、当期末（令和●年●月期）に、貸付債権残高●円のうち回収可能額を●円と算定し、当該差額の貸付債権●円について債務免除する旨の「債権放棄通知書（内容証明郵便）」を●社に対して送付することにより、当該貸付債権●円を債権放棄することを決議する。★1

★1　上記で示した

　「子法人において事業計画書のベスト・ニュートラル・ワーストのそれぞれのシナリオを用意し、

・支援した場合、ワーストシナリオでも子法人は再生できる

・支援しない場合、ベストシナリオでも子法人は自力再生できない

こと」を意識している事業計画書、将来キャッシュフロー計算書を記載しても問題ありません。

Ⅶ―2　事実上の貸倒損失についてのエビデンス

> **Q** 事実上の貸倒損失についてのエビデンスに係る考え方を教えてください。

> **A** 事実上の貸倒れの立証は当初申告においても納税者側にあり、疎明力ある証拠資料の保全は必須です。実務では証拠が豊富にあったとしても事実認定に着地することがほとんどなため、証拠保全をするなら、徹底的に行う必要があります。
>
> また、相手方が個人か法人かでも全く対応が異なります。

【解　説】

原則として、

債務者が法人→決算書や資金繰り表を入手し、実態貸借対照表ベースに洗い替え、実質債務超過であることを疎明。

債務者が個人→当該個人の手元に１円も残っていない、ということ自体の疎明が困難。回収努力のために何をしたか、どういう経緯で結果として回収できなかったか、という点につき、稟議書ベースでも問題ないので文書化したものを残す。場合によっては同意を得た上で、相手との直接会話を録音してもよい。

このように、対応が全く異なります。法人債務者のほうが簡単です。

両社とも共通で、法人債務者のほうが簡単です。

・内容証明、特定記録、簡易書留

・簡易裁判所書記官からの債務者へ対して送付された支払督促、支払命令

・一切入金がなかった旨について経理担当者から担当役員への報告書（稟議書と同様）

も必要になります。

　法人税基本通達９－６－２の挙証責任は当初申告でも納税側にあります。貸倒対象になる債務者について特別の事情や背景をより深く十分に理解しているのは通常、納税者自身だからです（証拠への接近性）[31]。

　では、相手方個人の場合を検証します（個人への貸倒れ（法基通９－６－２））。

---

31 仙台地裁平成６年８月29日判決、仙台高裁平成８年４月12日判決、大阪地裁昭和40年７月３日判決、及び金子宏『租税法』該当箇所

稟議書（支払能力報告書）

令和●年●月●日

1．貸倒処理における回収不能の考え方

　租税法における税務上の取扱いについては、法人の有する金銭債権については、その全額が回収できないことが明らかとなった場合、当該金銭債権に係る貸倒処理を認めることとされている。

　一方、過去の裁判例を踏まえると、全額回収不能とする取扱いは、1円でも回収可能性があるときに処理を認めないとするものではない。★1

　あくまで、社会通念に従った総合判断に基づき、金銭債権の全額が回収不能であると判断できる場合において、貸倒処理が認められると解する。

2．●氏（個人）の財務状況推移表

　●氏　過去10年～貸倒損失計上時期まで1年ごとに明記

・債務

・資産

・年収（年収の内訳も記載）

3．処理の根拠

　金銭債権の全額が回収不能であるか否かは、債権者・債務者の事情等を踏まえて、社会通念に従った総合的な判断を必要とする。

　上記2における●氏の財務状況の推移を踏まえると、●氏は当期末に債務弁済に充てる程度の資産を有していない。

　そして、年間●万円の●●（年金等々）収入については、●氏の最低限度の生活を保持するための生活資金である。

　当該（年金）収入は債務額●億円に比して極めて少額であることは自明である。★2

　そこで、社会通念上、●氏が債務を返済する実効性は極めて乏しく、返済能力はないと考えられる。

　また、当社は債権回収の機会や努力をあえて放棄していたという事実はない。★3

　以上より、当社が、貸倒損失として損金経理した●氏に対する金銭債権●億円については、税務上損金の額に算入することができると考えられる。

　そこで、当該処理について承認を願いたい。

以上

★1　下記の裁判例を直接記載して問題ありません。社内で税務上の検討をしていることが疎明できます。

　「金銭債権の全額が回収不能であるか否かは債権者及び債務者の事情を踏まえ、社会通念に従った総合的な判断によるべき」の論拠として下記の裁判例があります。

重要情報1

○日本興業銀行事件／不良債権に係る貸倒損失の損金算入時期

　最高裁判所（第二小法廷）平成14年（行ヒ）第147号法人税更正処分等取消請求事件平成16年12月24日判決Ｚ254－9877

　解除条件付き債権放棄をした事業年度での貸倒損失の損金算入は、債務者の資産状況だけでなく債権者側の事情も踏まえ判断したことから認められた事案です。

　納税者（上告人）は、新事業計画の破綻により多額の債権について回収不能な状況に陥っていました。この問題は政治問題化し関係者から責任を追及され、より大きな損失を避けるためには債権放棄しかないが株主代表訴訟リスクを避けるため解除条件付き債権放棄を実行し、法人税の申告において貸倒損失として損金算入しました。課税庁は損金算入できないとして更正処分をし、第一審においては、納税者の主張が認めら

れましたが控訴審においては逆に課税庁の主張が認められ、納税者が上告しました。

　控訴審においては債務者の資産状況、支払い能力等の債務者側の事情から債権が全額回収不能であったといえないと判断されました。しかし上告審においては、債務者側の状況だけでなく、債権者側の事情、経済的環境等も踏まえ、社会通念に従って総合的に判断すべきであり、当時の状況では債権者（銀行）の債権の全額が回収不能であることは客観的に明らかになっていました。これは債権放棄が解除条件付きでされたことによって左右されるものではないから納税者の請求を認容した第一審判決が正当であり、課税庁（被上告人）の控訴を棄却すべきであるとして判断し、納税者勝訴となりました。

　また、「社会通念に従った総合的な判断をして金銭債権の全額が回収不能と認められるのは、少額の収入があることをもって、金銭債権の全額が回収不能と断定するのは相当でない」の論拠として下記の裁判例があります。

重要情報2
○貸倒損失／元代表者に対する貸付金等の回収可能性／代位弁済の成否
　東京地方裁判所平成24年（行ウ）第811号更正及び加算税賦課決定取消請求事件　平成25年10月3日判決Ｚ263－12301
　（判示事項）
1　本件は、原告が、平成19年12月1日から平成20年11月30日までの事業年度の法人税について、貸倒損失として3億8,642万4,236円を計上した上で、確定申告を行ったところ、処分行政庁が、貸倒損失の計上を否認し、更正処分等を行ったことから、その取消しを求める事案である。
2　原告は、平成19年12月5日、乙の銀行口座に3億0,121万8,630円を振込送金し、同日、本件借入金（乙が、原告からの借入金の一部を返済するためにＣ信金から借り入れたもの、丙及び甲が連帯保証

人、原告は根抵当権設定者兼連帯保証人）の元金残額と最終利息の合計３億0,121万8,630円が乙名義の預金口座からＣ信金に送金されて返済され（本件返済）、これにより本件借入金は完済された。被告は、本件返済について、実質的には原告がしたものであり、代位弁済が成立すると主張するが、事実関係を前提として検討すると、本件返済は、代位弁済が成立するために必要となる要件である、原告による債権者（Ｃ信金）に対する返済という事実を欠いている上、本件返済の相手方であるＣ信金も代位弁済であるとは認識していなかったことがうかがわれるところであるから、代位弁済の成立を認めることはできない。

3　したがって、代位弁済の存在を前提とする被告の主張はいずれも理由がなく、原告は、本件借入金に係るＣ信金の乙に対する貸付債権を代位行使することはできないから、これに基づいて丙及び甲に対する保証債権を行使することもできない。よって、原告が各保証債権を行使し得ることを理由として、本件事業年度末において、本件貸付金等の回収可能性が存在したということはできない。

4　法人の各事業年度の所得の金額の計算において、金銭債権の貸倒損失を法人税法２２条３項３号にいう「当該事業年度の損失の額」として当該事業年度の損金の額に算入するためには、当該金銭債権の全額が回収不能であることを要すると解される。そして、その全額が回収不能であることは客観的に明らかでなければならないが、そのことは、債務者の資産状況、支払能力等の債務者側の事情のみならず、債権回収に必要な労力、債権額と取立費用との比較衡量、債権回収を強行することによって生ずる他の債権者とのあつれきなどによる経営的損失等といった債権者側の事情、経済的環境等も踏まえ、社会通念に従って総合的に判断されるべきものである〔最高裁平成14年（行ヒ）第147号同16年12月24日第二小法廷判決・民集58巻９号1637頁参照〕。

5　被告は、本件株式贈与（乙から甲らに対する原告株式及びＢ社株式の贈与）並びにこれに対する原告及びＢ社の取締役会がした各承認について、本件各株式は乙の主要な財産であったから、本件各株式を対価を得ずに贈与したのは不自然であり、これを承認したのも本件貸付

金等を回収する機会を放棄したものであると主張する。しかし、甲らは、甲らが本件各株式を乙から有償で取得することを検討したものの、甲らは本件各株式の合計評価額である8,351万4,000円を捻出することはできなかったため、これを断念し、贈与税は発生するもののより少ない負担で本件各株式を譲渡できる方法として、本件株式贈与を選択したと認められるところ、かかる選択は格別不自然とはいい難いから、本件株式贈与及び本件承認決議をもって、原告があえて本件貸付金等の回収を放棄したとはいうことができない。

6　乙は、本件事業年度末である平成20年11月30日時点において、本件貸付金等の返済に供せる程の資産を有していなかったことが認められるから、同日時点において、本件貸付金等の全額が回収不能となっていたことが認められる。

7　以上によれば、原告は、本件事業年度において、本件貸付金等（3億7,872万4,236円）を損金計上することができる。

★2は、上記東京地裁平成25年10月3日判決を意識して記載しています。個人の場合、たとえ収入があったとしても、当該収入が返済の原資に回せるかどうか、すなわち収入の「性格」を明確にしておきます。

★3　後掲P183「稟議書」の「2．申請事由」を対個人ベースにして記載するのが望ましいです。

取締役会議事録

議案　●氏に対する貸倒処理に係る決議

　金銭債権の全額が回収不能であるか否かは、債権者・債務者の事情を踏まえて、社会通念に従った総合判断を必要とする。

　●氏は当期末において、債務の弁済に充てる程度の資産を有していない。また、年間●円の●●（年金等々）収入については、●氏の最低限度の生活を保持するための生活資金である。★1

　そして、当該●●収入は債務額●円に比して極めて少額であることは自明である。

　したがって、社会通念上、●氏が債務を返済する実効性は極めて乏しく、返済能力はないと考えられる。

　また、当社が債権回収の機会や努力をあえて放棄していたということはない。

　以上より、当社が●氏に対する金銭債権●円を貸倒処理することについて決議を行う。

（参考）

　本書では、中小企業を前提に記述しています。公開企業の場合、取締役会議事録に残すことで株主代表訴訟による責任追及リスクがあるため、通常は具体的には記載しません。

　これは上記までの株主総会議事録、取締役会議事録と稟議書や報告書といったもので峻別されるところです。しかし、中小企業の疎明力が高い証拠化という点では具体的、詳細記載のほうが好ましいと考えられます。

★1　「上記東京地裁平成25年10月3日判決を意識して記載しています。個人の場合、たとえ収入があったとしても、当該収入が返済の原資に回せるかどうか、すなわち収入の「性格」を明確にしておきます。」

と同様の意味で記載します。

では、相手方個人の場合を検証します（法人への貸倒れ（法基通9－6－2））。

　　　　　　　　　　　　　　　　　　　　　　　令和●年●月●日

役員各位

　　　　　　　　　　　　　　　　　　　　　　　　東京都●●

　　　　　　　　　　　　　　　　　　　　　　　株式会社●●

　　　　　　　　　　　　　　　　　　　　　代表取締役●●印

　　　　　　　　　　　　　　提案書[1]

　会社法370条の規定に基づき、取締役会の決議事項について、下記のとおり提案いたします。

　つきましては、別紙「同意書」により、●月●日までに、必着すべくご送付くださいますようお願い申し上げます。

　　　　　　　　　議案　売掛金の貸倒償却の計上の件

　　　　　　　　　　　　　　　記

　●●社に対して所有する売掛金●●万円について、●●社の資産状況、支払能力等からみて、当該全額が回収できないことが明らかになったため、貸倒れとして損金経理を行う。

　　　　　　　　　　　　　　　　　　　　　　　　　　　以上

---

[1]　対個人でも作成して問題ありません。

令和●年●月●日

東京都●●
株式会社●●
代表取締役●●殿

（住所）東京都●●

取締役　●●　印

（監査役　●●　印）

同意書★1

　私は、会社法370条の規定に基づき、取締役会の決議事項について、下記提案に対して同意します（※筆者注：監査役における同意書の場合「異議はございません」との文言に入れ替えます。）。

議案　売掛金の貸倒償却の計上の件

記

　●●社に対して所有する売掛金●●円について、株式会社●●の資産状況、支払能力等からみて、当該全額が回収できないことが明らかになったため、貸倒れとして損金経理を行う。

以上

★1　対個人でも作成して問題ありません。

稟議書

令和●年●月●日

件名：売上債権の貸倒処理の件

1．申請事項

　当社が得意先株式会社●●に対し有する売上債権について、以下の通り貸倒処理を行いたい。

記

　株式会社●●に対する売掛金●円

　（筆者注：会社仕訳の表示）

　（借方）貸倒損失●円　（貸方）売掛金●円

2．申請事由[★1]

　令和●年●月●日

　得意先株式会社●●から売掛金の期日入金がなかったことが発覚。

　令和●年●月●日

　再請求したが入金はない。

　令和●年●月●日

　内容証明による督促状を送り入金を促した。

　令和●年●月●日

　上記令和●年●月●日の事実にかかわらず、入金がないことを確認。

　令和●年●月●日

　得意先株式会社●●から事情を聴取したところ、財務状況は極めて厳しく、時価純資産は約○円の債務超過であり、資金繰りとしても、従業員への給与につき遅配が発生するほどひっ迫した状況であること

が判明した。（別紙参照）（※筆者注：得意先株式会社●●から入手した時価貸借対照表、資金繰り表等々を入手）★2

　上記の背景より、当社が得意先株式会社●●に対し有する売掛金の全額について回収不能と判断した。

３．実施によって得られる効果

　上記１．の実施により、資産性のない売掛金を資産から落とすことが可能となる。

　したがって、これは、当社の貸借対照表に係る健全性の確保、すなわち財務体質の健全化を図ることができる。

　今回の事情は上記２．の背景により、法人税基本通達９－６－２における税務上の損金算入要件を満たすことは明らかであり、同時に合理的に法人税を節減できる。

以上

★1　当該経過を徹底的に細かく記載します。先述のとおり相手の同意を得た上で、会話の内容を逐一録音しても構いません（ただし、録音内容の変更は当然不可能）。録音記録媒体は別途保管しておきます。

　　なお、先述のとおり個人債務者においても同様のことを行います。

★2　これ自体入手することがどうしても不可能という場合が仮にあれば、相手側がどういう顛末で支払ができていないかを個別で判断し証拠保全します。法的整理に入っている等々の場合、相手側弁護士から当該関係資料を入手します。

　　典型例は破産法です。破産法による整理の場合、破産の終結決定前でも債務者の資産の処分が既に終わっており、今後の配当が見込まれないとき、法人税基本通達９－６－１ではなく９－６－２を適用できます。この際のエビデンスとして破産管財人からの今後の配当がない旨の証明書等々が必要になります。

（参考）

督促状（内容証明版）

　　　　　　　　　　　　　　　　　　　　　　　　　　○○○○年○月○日

督　促　状

　何度もご請求差し上げております下記債権について本日○○○○年○月○日現在ご入金の確認がとれません。

　○○○○年○月○日までにご入金がない場合は、法的手続きに移行致しますので、下記期限までにご入金くださいますようお願い申し上げます。

記

（債権の表示）

　○○○○年○月○日付け金銭消費貸借

　債権額金○○,○○○,○○○円

　振込先　○○銀行○○支店

　普通○○○○○○○

（通知人）

　東京都○○区○○町××

　株式会社○○○○

　代表取締役○○○○　　　　　　㊞

　（被通知人）

　東京都○○区○○町××

　株式会社××××

　代表取締役××××　殿

　　　　　　　　　　　　　　　　　　　　　　　　　　　　　　　以上

取締役会議事録

議案　売掛金の貸倒償却の計上の件

記

　株式会社●●に対して、所有する売掛金●●万円について、●●社の資産状況、支払能力等からみて、その全額が回収できないことが明らかになったため、貸倒れとして損金経理を行う。★1

以上

★1　当該経過を徹底的に細かく記載してもよいですが、前の稟議書段階で徹底的に疎明力を生じさせたので、ここでは簡潔でも構いません。

Ⅶ―3　形式的貸倒損失のエビデンス

Q 形式的貸倒損失のエビデンスについて教えてください。

A 実務上は計上時期の期ズレに係る当局指摘のほうが多いです。そのため、早い段階での形式貸倒れをするか否かの確認が必要となります。本書の性格から期ズレの論点は触れず、当該適正時期に計上した場合、又はこれからする場合のエビデンスについて検証します。

【解　説】

継続的取引に係る売掛債権（法基通9－6－3（1））について検証します。

稟議書

（件名）株式会社●●に対する金銭債権に係る貸倒処理

1．申請事項

下記金銭債権の全額から備忘価額1円を控除した金額について貸倒損失を計上し、税務上損金算入したい。

記

株式会社●●に対する売掛債権　　●円

（添付資料）※筆者注：添付は多ければ多いほどよいです。代表的なものは下記です。

・納品書（控）

・請求書（控）

・売掛台帳

・株式会社●●との売買契約書

・株式会社●●に係る与信審査報告書

・催告に係る内容証明郵便（控）

2．経緯[1]

　（1）株式会社●●とは、おおよそ平成●年●月ごろより取引を継続していた。

　しかし、同社は実態債務超過となり経営状況が悪化したため、令和●年●月●日を最後に取引を停止した。

●最終弁済期　令和●年●月●日

●最終弁済日　令和●年●月●日

　（2）株式会社●●に対するこれまでの催告の状況は以下のとおりである。

・令和●年●月●日内容証明郵便による催告

・令和●年●月●日同上

・令和●年●月●日同上

・・・

・・・

・・・

　（3）上記（2）のとおり回収に向けた努力を重ねてきた。

　しかし、株式会社●●の支払能力は別紙与信審査報告書のとおりであり、回収の見込みはないことは自明である。

　したがって、備忘価額1円を残して貸倒の処理を行うこととしたい。

　（4）上記の経緯、背景により、本件貸倒損失は、法人税基本通達9－6－3（1）の適用を受けることができることは自明である。

　したがって、当社令和●年●月期における損金に計上する。

以上

★1　当該経過を徹底的に細かく記載します。先述のとおり相手の同意を得た上で、会話の内容を逐一録音しても構いません（ただし、録音内容の変更は当然不可能）。録音記録媒体は別途保管しておきます。

　　これを見ても分かるように、経緯詳細を記述することは法人税基本通達9－6－2と全く同様です。

第 Ⅷ 章

同族法人間の経営指導料等
に係るエビデンス

Ⅷ—1　同族法人間の経営指導料等のエビデンスに係る当局の考え方

> **Q** 同族法人間の経営指導料等に係る当局のエビデンスの考え方を教えてください。

> **A** 下記の判決速報は論点が多岐にわたっており、本問に対する争点は一部言及されているにすぎません。しかし、契約書の証拠に関する前段の論点も極めて重要なため、それを含めて検証します。

【解　説】

下記の国税情報が参考になります。

○調査に生かす判決情報011

《ポイント》

不自然な契約書であったとしても、裁判所は「弁論の全趣旨」により事実関係を総合的に判断する

▼　重加算税の要件＝国税通則法68条1項

・「納税者がその国税の課税標準等又は税額等の計算の基礎となるべき事実の全部又は一部を隠ぺいし、又は仮装し、その隠ぺいし、又は仮装したところに基づき納税申告書を提出していたときは、当該納税者に対し、（中略）重加算税を課する。」

▼　判決の事実認定は、原告・被告双方の主張立証に基づき総合的に判断される

判決は、裁判官の自由な心証で決められ、証明責任を負っている国側の証拠が一面的で、ほかに有力なものがなかったり、相手側がそれを揺るがす主張立証を行えば、裁判所は「弁論の全趣旨」から総合的に判断し、課税要件事実の存在に確信が持てない場合は、国側を敗訴させる。したがって、単に契約書等の日付が遡って記載されているといった事実を把握していたとしても、それが取引を仮装したとする絶

対的な決め手になるものではない。

（「弁論の全趣旨」とは）

裁判は、原告・被告の双方がそれぞれ主張を重ね、裁判官がそれを自由な心証で判断して判決を下しますが、その判断はそれぞれの主張を裏付ける証拠の信憑性を全体として裁判官がどのように判断するかにかかっています。特にその争点が事実認定である場合、その主要事実の認定は、直接証拠だけからなされることは少なく、間接事実や補助事実との総合によってなされることは、本判決情報のｉｓｓｕｅｄ；００４「証拠収集の重要性（その２）」でご紹介しました。

裁判所がそのようなスタンスで事実認定を行う場合、「弁論の全趣旨から」という表現で判断が記載されます。よほど強力な直接証拠がない限り、裁判は、しばしば相撲でいえば押し出し相撲の力比べの様相を呈します。

（事件の概要）

1　原告Ⅹは、昭和××年に設立された■■■■■■■■■■■であり、昭和61年からフランチャイズシステムを導入し、■■■■■■■■に関するノウハウをフランチャイズ各社に提供してきた。

2　しかしながら、原告Ⅹは、国内関連法人Ａ社（昭和62年設立）にその時点における当該ノウハウを譲渡したとし（譲渡契約書は存在しない。）、Ａ社が原告Ⅹに、当該ノウハウの使用許諾をする旨の、Ａ社設立の前日である昭和62年６月30日付の契約書が作成された。

その後、平成７年２月28日付で、Ａ社から外国関連法人Ｂ社に当該ノウハウ等を譲渡した旨の契約書が作成された。

3　また、原告ⅩとＢ社との間では、平成７年３月１日付でノウハウ使用許諾契約書が作成され、原告Ⅹは、Ｂ社が開発、所有しているとする当該ノウハウの使用に係るロイヤリティをＢ社に送金し研究開発費として損金に算入した。

また、フランチャイズ各社も、Ｂ社との間のノウハウ使用許諾契約に基づき、同社にロイヤリティを送金した。

4　国側は、当該ノウハウは原告Ⅹが開発し、一貫して所有しているか

　ら、原告ＸとＢ社との間のノウハウ使用許諾契約も、Ｂ社とフラン
　チャイズ各社との間のノウハウ使用許諾契約も実体はなく、原告Ｘの
　支払ったロイヤリティは架空の費用であり、また、フランチャイズ各
　社がＢ社に支払ったロイヤリティは、原告Ｘに支払われるべき収入を
　仮装したものと判断した。
5　そして、国側は、これらの金額をＢ社に対する寄附金とする更正処
　分及び青色申告の承認の取消処分、並びに重加算税の賦課決定処分を
　行った。

①　当初の状況（原告Ｘがノウハウの開発、所有）

②　原告ＸからＡ社へのノウハウ譲渡　架空（国側認定）
　（譲渡後）

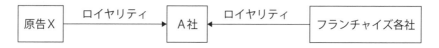

③　Ａ社からＢ社へのノウハウ譲渡　架空（国側認定）
　（譲渡後）

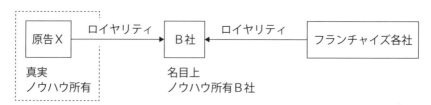

（重加算税に関する国側主張）
1　グループの中で、■■■■■■■■たり得るのは原告Ｘだけであっ
　て、Ｂ社は原告Ｘの海外生産拠点にすぎないと認められる。
2　原告Ｘは、フランチャイズ各社に対し、平成8年12月19日付で「一

読後必ず廃却してください」との注記付きで「書類送付のご案内」と題する文書を送付し、そこには、①Ａ社とフランチャイズ各社との間でＡ社が所有するノウハウを各社に提供した旨の契約書を日付を遡って作成すること、②フランチャイズ各社が平成７年２月16日ないし20日に取締役会で、Ａ社とのロイヤリティ契約を解除し、Ｂ社との間にノウハウに関するロイヤリティ契約を締結することを決定した旨の「取締役会議事録」を作成すること等が指示されていた。

（裁判所の判断（要旨））

　Ｂ社が■■■■■■■■■■■■■■■に関するノウハウを有し、これを甲■■グループに提供している事実が認められるから、（※下線筆者）国側が指摘する原告Ｘ・Ｂ社間の平成７年31日付け「ノウハウ使用許諾契約書」やフランチャイズ各社・Ｂ社間の同日付け契約書等が仮装された実態のないものであるということはできない。

　契約書等の内容や作成経緯には、国側の主張するような不自然な点があることは否めない。

　しかしながら、これらはいずれもＢ社の設立当初の法律関係に係るものにすぎず、その後、Ｂ社が事業を実際に展開していることに照らせば、契約書の内容や作成経緯に不自然な点があることを考慮に入れたとしても、Ｂ社が■■■■■■■■■■■■■■に関するノウハウを有し、これを甲■■グループに提供している事実を否定することはできない。（※下線筆者）

（判決認定のポイント）

　国側は、主としてＡ社からＢ社へのノウハウの譲渡があったとされる当初の状況に焦点を当て、そもそもノウハウの譲渡はなく、ロイヤリティを収受できる状態になかったことを主張立証した（※下線筆者）が、原告側は、その後の状況、すなわちＢ社の活動が軌道に乗り、■■■■■や■■■■■■を開発・供給していたことなどを実質代表者らの証言等で主張立証し、裁判所は、これらが「ノウハウ」であるとの認定の下、原告側の主張を全面的に採用した。

（調査に役立つ基礎知識）

1　重加算税の要件

　国税通則法68条１項は、「納税者がその国税の課税標準等又は税額等の計算の基礎となるべき事実の全部又は一部を隠ぺいし、又は仮装し、その隠ぺいし、又は仮装したところに基づき納税申告書を提出していたときは、当該納税者に対し、（中略）重加算税を課する。」と規定しています。

2　本件訴訟の進行過程

　本件の争点は、■■■■■■■■に関するノウハウの譲渡があったか否か、フランチャイザーとしてフランチャイズ各社に当該ノウハウを提供していたのが原告ＸであるかＢ社であるかですが、本件の特徴として、ノウハウという形のないものを課税対象としたということがあげられます。

　本件で、重加算税の規定における「国税の課税標準等又は税額等の計算の基礎となるべき事実」とは何かと考えると、当該ノウハウを原告Ｘが一貫して保有しているという事実と、Ｂ社はそれを保有していないという事実です。この事実が立証されれば、「経営システム」をＢ社は保有し、原告Ｘは譲渡済みで保有していないという一連の契約書等は、その事実を隠ぺいし又は仮装したものとなります（※下線筆者）。

　（中略）

3　実地調査で何を調査し、証拠として収集すればいいのか

　税法は基本的に侵害規範であり、国民に義務を課すものですから、原則として課税処分の主張立証責任（判決で、裁判所が、原告・被告のどちらを採用するか確定できない場合の危険又は不利益のこと）は、課税庁に負わされています。

　そして、判決は、裁判官の自由な心証で決められ、しばしば「弁論の全趣旨によれば」といった認定により判断がなされます。

　したがって、処分の正当性を裏付ける証拠が一部にあったとしても、それに反する証拠を相手側が提出し主張している場合には、裁判所は「弁論の全趣旨」という観点で総合的に判断（※下線筆者）することとなり

ます。

　実態がそこにあるのか、という事実認定に着地しますから、実態に関しての証拠を保全する必要があります。中小企業の場合、当該関連法人間の利益移転は手法が定型化しています。それについてのエビデンスを検証していきます。

Ⅷ—2　同族法人間の経営指導料等に係るエビデンス

Q 同族法人間の経営指導料等に係るエビデンスを教えてください。

A 中小企業の場合、当該関連法人間の利益移転は手法が定型化しています。それについてのエビデンスを検証していきます。

【解　説】

　兄弟会社間でもよいのですが、親子会社間のほうが典型的でわかりやすいため、親子会社間の場合により検証していきます。兄弟会社間でも実行することは変わりありません。下記は、親子会社間における典型例です。

　現状、持株会社に滞留欠損金が生じているとします。欠損金の解消策として役員報酬の低減、子会社から不動産を現物分配で吸い上げて賃料収入収受、赤字子会社の合併による欠損金引継ぎなどを検討しているとします。

　しかし、それでも期限切れ欠損金が数億円見込まれるものとします。なお、子会社が多く、事務負担からグループ通算制度は最後の手段と考えています。

　現状の持株会社の実態としては、各社の社長が持株会社の役員会を構成して毎月グループ経営会議を行います。また、従業員も20数名ほど予定し、システム投資やグループの規程管理なども担います。そこで、子会社から経営指導料を取ることを検討したところ、毎年各社の経常利益から50％という方法が、欠損金解消及び各社の財務・損益バランスの両立という観点からは理想的と試算されたとします。

　年商や利益規模が相応にあって全社会議などの実態もあれば、非上場でも利益連動で徴収する部分があってもいいようには思います。

では、経営指導料の算出方法や水準について、考え方や認められるケースなどエビデンスという観点から検証します。

従来、前提として中小・零細企業においては、子会社から親会社（特に持株会社）への利益移転（「収益付け」といいます）は「配当」と「受取賃料」のみといわれていました。それ以外は寄附・受贈認定される可能性が極めて高かったのです。

ところが平成22年のグループ法人税制の導入により、それほど神経質になる必要はなくなりました。認定したところで課税所得は変化しないからです。現状、当局調査においても、最近の裁決・裁判例においても当該論点に関しては減少しました。ただし、グループ法人税制適用外の法人間では従来と同様、税務調査の念査項目です。

平成12年2月3日東京地裁では、

「原告会社がグループ企業の国内統括会社に支払った経営指導料の一部は、国内統括会社に対する寄付金にあたるとの課税庁の主張が、原告会社と国内統括会社は全世界的に展開されるグループの事業の一端を担う機能を果たしていたこと、原告会社は日本国内における販売及び国外グループ会社に対する輸出の各事業に関して、その多くを国内統括会社に依存し、国内統括会社は各事業に関して経営上の助言、人的資源の提供、法務、市場調査、広報活動などの事務を負担していることが認められることを勘案すると、原告会社が総輸出売上高及び輸入国内販売高の1パーセントを経営指導料として支出したことは、必ずしも特殊な企業関係に基づく租税回避のための価格操作とは認められないとして排斥された事例」

とあります。

しかし、当該法人（原告納税者）は極めて大きな法人で、これをそのまま中小企業に落とし込むことは現実的ではありません。

当該指導料の水準の根拠ですが、実務通説で○％といったものも特段存在しません。先述の不動産管理会社における不動産管理手数料と同じ考え方（＝証拠への接近性）で当該水準・比率の疎明は納税者に転嫁されます。

　公開企業ベースになりますが、下記のレポートは有名です。

○経営管理に対する対価についてのアンケート報告（2014年11月１日発行）みずほ総合研究所[32]

○持株会社はどのような子会社管理を行っているか（2013年５月27日発行）みずほ総合研究所[33]

　上記１つ目のレポートに関しては率や率の算定根拠等々、２つ目のレポートに関しては実態をどのようにするか、といった点で非常に参考になります[34]。

　不動産管理会社の不動産管理手数料と同様ですが、前提として実態がなければ、一切の金額が指摘項目となります。真実の実態があり、当該実態を疎明するには、との前提での証拠化の方法が下記です。

（1）経営指導料

・契約書

・役務提供の対価の算定→複数の○○コンサルタントの見積りが必要です。

・経営会議議事録等のエビデンス→複数の○○コンサルタントの成果物サンプルが必要。仮に当該法人で過去に依頼したことがあれば当時の成果物等々を真似て作成することになります。

　経営指導は純然たる第三者である○○コンサルタントに依頼するのが本来のはずです。その○○コンサルタントは成果物、工程表、実績報告書等々さまざまな資料を用意し提案するはずです。それらすべてを用意する必要があります。仮に依頼したことがなく、当該資料の現物がわからない、ということであれば複数のコンサルタントに見積りをとらせて、そういった資料サンプルを入手し、それを真似ればよい

---

32 https://www.mizuho-rt.co.jp/publication/mhri/sl_info/consultant_report/pdf/report201411.pdf

33 https://www.mizuho-rt.co.jp/publication/mhri/sl_info/consultant_report/pdf/report201305.pdf

34 平成22年グループ法人税制導入当時、国内関係会社間TP（移転価格税制）の導入も検討されていたといわれています。グループ法人税制とTP は似ているので参考までに国税庁HP等でご一読いただいたほうがよいかもしれません。

です。

重要情報1

○寄附金／ノーハウの帰属とロイヤリティの支払における対価性の有無

　東京地方裁判所平成15年（行ウ）第553号法人税更正処分等取消請求事件（平成17年7月21日判決）（TAINSコードＺ255－10086）

（一部抜粋）

ウ　経営指導

a　Dは、Aグループに対し、販売施策等の営業面や、木造注文住宅の施工やアフターサービスにおける技術面について、経営指導を行っている。

b　例えば、Aグループが平成8年3月にnと称する新商品を発売した際には、Dは、Aグループに対し、<u>他社との差別化を図るために、通常の住宅展示場から遠く離れた場所にあるAグループの工場内等（すなわち、競合他社がその住宅展示場を見ることができない場所）にモデルハウスを建設し、通常の住宅展示場を訪れた顧客を更に遠く離れたAグループのモデルハウスへ誘導するという新しい営業方法を企画、提案するとともに、発売から一定期間は、モニターとして坪単価を従来のタイプと同額で販売するキャンペーンを企画、提案</u>（※下線筆者）した。

　また、Dは、Aグループに対し、販売促進策の一環として、購入を検討している顧客に対してスケールモデル（住宅の縮尺模型）を無償で作成・配布する施策を提案した。これにより、戸建住宅メーカーでは、Aグループが最初に、本格的にスケールモデルを導入することとなった。

　次に、Dは、Aグループに対し、販売促進策の一環として、シールカタログ（住宅設備機器等が粘着シールになっており、顧客が自由に住宅の仕様を抽出できるカタログ）を顧客に<u>無償で配布する施策を提案</u>（※下線筆者）した。

　これは、Aグループにおいて、販促ツールとして顧客のニーズを正

確に把握する手段として活用された。

　さらに、Dは、Aグループに対し、上記イのPとの共同開発による免震住宅を発売するに際し、低価格を設定して普及に努める施策を決定して、指導を行った（※下線筆者）（甲56）。

エ　標準仕様、価格設定等

　証拠（甲56）及び弁論の全趣旨によれば、DはAグループに対し、住宅全体の標準仕様や価格設定、オプションメニュー及び価格設定、モデルハウス（住宅展示場）の企画・設計について、指導、助言を行っている（※下線筆者）ことが認められる。

（2）ロイヤリティ、ブランド使用料

　原則として中小企業では利用できません。親会社（持株会社、関連会社含む）にブランド力がないのが通常だからです。

　仮にこれを採用する場合、疎明資料は経営指導料等とほぼ同じになります。

・契約書

・役務提供の対価の算定＝ロイヤリティ率、ブランド使用料→複数の
　○○コンサルタントの見積りが必要です。

・経営会議議事録等のエビデンス

・国外関連会社に支払ったロイヤリティの対価性を認め、寄付金に該当
　しないとした事例（一条工務店事件）

　　納税者（原告）は、木造注文住宅の販売及び施工を行う法人で、全国各地の法人とフランチャイズ契約を締結していました（以下、納税者とフランチャイズ各社を併せ「Aグループ」といいます。）。国外関連会社（D社）の設立以降、Aグループは、D社に対し、契約書等に基づきロイヤリティを支払っていました。課税庁は、上記契約書は実態を伴わない仮装のものであり、納税者からD社への支払いは対価性がなく、寄附金と認定するとともに、フランチャイズ各社からD社への支払いは納税者の売上と認定して、法人税等の更正処分等を行いま

した。本件は、納税者がその取消しを求めた事案です。

　地裁は、Ｄ社の事業内容等を詳細に検討し、Ｄ社の事業の実態は、シンガポール国内向けの室内改装事業や納税者の東南アジアにおける生産拠点の管理にとどまるものではなく、木造注文住宅の販売及び施工に関するノウハウを有し、これをＡグループに提供しているものと認められると判断し、Ｄ社に支払われたロイヤリティの対価性を認め、寄付金と認定した課税庁の処分を取り消しました。

　本件は、課税庁が控訴しましたが、棄却され確定しています。

（判示一部抜粋）

c　以上のことからすれば、Ｄの事業の実態は、シンガポール国内向けの室内改装事業や原告の東南アジアにおける生産拠点の管理にとどまるものではないというべきであり、「研究開発」の意義をどのように解するか、そして、Ｄのどこまでの社員が研究開発に従事し、どこまでの経費が研究開発のための費用というべきものであるかはともかくとして、Ｄは木造注文住宅の販売及び施工に関するノウハウを有し、これをＡグループに提供している（オリジナル商品の開発についていえば、Ｄの有するノウハウは、商品に結実して、Ａグループに提供されている。）（※下線筆者）ものと認めることができる。

b　また、ＤからＡグループに提供されるのはオリジナル商品ばかりでなく、上記（2）ウ及びエのとおり、経営指導や標準仕様の決定等についての助言なども存する（※下線筆者）が、これらについて、Ｄがその都度Ａグループ各社からその対価を受けとっていることを認めるに足りる証拠はなく、また、これらの対価がオリジナル商品の代金に含まれていることを認めるに足りる証拠もない。

　そうであるとすれば、Ｄとしては、Ａグループに対して販売した商品代金とは別に、上記経営指導等についての対価の支払を受ける理由が存するものというべきである。

重要情報２

○受贈益／無償による資産の譲受けに伴う資金移動

　名古屋高等裁判所平成17年（行コ）第60号法人税更正処分等取消請求控訴事件（平成18年２月23日判決）（TAINSコードＺ256－10329）（一部抜粋）

（５）被控訴人会社の従業員が被控訴人会社のために研究開発したことを否定する証拠は存在しない（かえって、グループの研究開発部門として被控訴人会社が設立されたことに照らせば、その研究開発に向けられた活動は、被控訴人会社のために行われたと推認される。）こと及びもともと親会社と被控訴人会社とは、人的にも資本構成上も親子会社の関係にあり、フランチャイジー各社を含めた外部に対しては、親会社の名称を前面に出して活動する方が、グループ全体の営業上も得策と考えられたことなどに照らせば、（※下線筆者、筆者注：これを「ブランド」という[35]）被控訴人会社の従業員らの研究開発行為が被控訴人会社のためではなく親会社のために行われたと認めることは相当でないとされた事例（原審判決引用）。

　なお、この手法を実行する場合の当局念査項目は下記が代表的なものになります。

---

35 日本弁理士会関西会
　HOME＞初めての方へ＞Q&A＞その他＞特許や商標などの知的財産権の価値評価に関して、どのような評価金額の算出方法がありますか？
　において
　「（４）ブランド（商標権）の価値
　ブランドにはＧｏｏｄｗｉｌｌ（信用）（俗に暖簾代と称する財産権）が化体しています。
　ブランド商品を購入する際、ノーブランド商品（一般商品の総称、或いは競合商品）とどの程度の金額の差があっても、その商品を購入するかという金額差をブランドエクィティと言います。そのエクィティと販売個数の積がブランドの価値として算出されます。
　ブランド価値＝ブランドエクィティ×販売個数
　以上、知的財産権の価値評価について述べましたがこれはという決定的な方法は存在しませんので事情に応じた方法を採用することが肝要です。」とあります。

○親子間等関連会社間取引で、長期間にわたり、契約・料率の見直しが
　一切なされていない。

→第三者にロイヤリティを支払う時は変動が通常です。関連会社間で当
　該ロイヤリティに係る原始機能自体が変更されていれば、見直しは当
　然必要となります。

○そもそも契約書がない、あるいは原始機能が変更したにもかかわらず、
　契約書の更改をしていない。

→当該事案があった場合の契約書等の完備、まき直しは必須です。第三
　者間では当然行うべきものです。

○契約でロイヤリティ料を決定しておきながら、実際に現金等の収受が
　ない。

→当局調査において、この事案での最も多い指摘事項はこれになります。
　外的要件担保は必須です。

　上記3つから、

・第三者間取引と徹底的に平仄を合わせること

・各種エビデンスの保存は必須ということ

について徹底しなければならないことが分かります。

（3）不動産賃貸料

　不動産を移転（売却[36]、事業譲渡、現物出資、分割型分割、分社型分割、
株式交換、現物分配等々移転の手法は多岐にわたります。）、不動産所有
者が不動産の現実利用者に貸付、賃料収入を獲得するものです。

　非常に典型的な事案ですが、外部から不動産を賃貸している場合と同
様のエビデンスを一式用意します。現実論として同族法人間で行うため、
何かしらの資料漏れがあることが多いです。

---

36 関連会社間の不動産売却は当局の念査事項になります。第三者に売却したときと同
　じエビデンスの整理が必要です。以下の判決が各種エビデンスの整理についてヒン
　トになる事例です。
　　平成29年3月8日判決【青色申告承認取消処分／グループ法人間の不動産売買損
　失】（TAINS コード Z 267─12989）

（4）貸付金利息

　親会社（持株会社、関連会社）で一括借り、子会社（関連会社）へ一括貸しを行い、金利について平均調達金利以上をとります。各種エビデンスについては、「第Ⅴ章　同族特殊関係者と金銭消費貸借契約に係るエビデンス」を確認してください。

（5）寄　附

　寄附受贈も典型事例となります。同族法人間では、当該同族法人間の利益調整のため、受発注の価格設定に合理性があるか等々が念査項目になります。

　したがって価格設定の合理性を説明できる資料が証拠となります。同族法人間の価格設定は、「経済合理性がある」か否かによって判断されるため契約書や稟議書等で形式要件だけを満たしても疎明力はないです。事実認定になります。

　第三者との取引価格＝実勢価格に近いことを稟議書等で起こします。こういった価格設定は金額の重要性にもよりますが、取締役会までは議案にならないため、役員会ミーティング議事録等々でそれを承認するという流れになります。

　この実勢価格に近い、というのは、先述までさまざまな箇所で登場した第三者の見積りの累積です。結果として当該見積りの平均値あたりをとればよいことになりますが、複数の見積りがあることが原始証拠となります。

　稟議書についても雛形は先述までのものを任意に改変すればよいのですが、ここでもその結果にいたったプロセスが重要となります。詳細を施せば施すほどよいのです。

　複数の見積りと並行記載で、

・当該取引に関して何かしらの制限や何かしらの条件等が付されている
　　経緯を示すことができれば、仮に取引価格と実勢価格に（多少の）乖離があったとしても経済合理性がある、と判断されます。同族法人間を前提としますと、

- A法人においては材料を安く供給する。ただし、そのかわり製品を安く販売する（バーター）、とすれば同族法人グループ全体としては明らかに経済合理性がある取引といえます。
- 発注や納品のロット数が非常に多く、同業他社では対応不可である。同族関連法人のA法人ではそれが可能である。A法人からの仕入れは付加価値がある取引といえます。

などが挙げられます。

そして、これを稟議書に明確に示します。稟議書上は、

- 複数の第三者の見積りの結果として、当該見積りの平均値と
- 同族関連A法人からの仕入値に乖離が生じますが、当該乖離の理由を稟議書に経緯を詳細に記載することで疎明力が高まります。

　この考え方はフリーレント設定賃料などを応用した考え方です。一定期間、賃料が免除されますが、当然ながら寄附金に該当しません。

　フリーレントの代わりに（バーター）、途中解約ができないなどの制限がある、途中解約した場合は違約金が発生するといった条件があり、賃貸借期間の「総」賃料について合理性があるからです。そういった金額以前の前提として、賃借側における移転時の重複家賃を回避させれば、入居を促進させるという効果もあります。前段の理由も後段の理由もすべてにおいて経済的合理性があります。こういった経済的合理性を疎明させるために稟議書ベースにおいても詳細な経緯記載が必要になります。

（参考）

　法人税法上は、有利発行に係る有名な下記の事案、スリーエス事件（東地平成12年11月30日判決）、相互タクシー増資高額払込事件（福井地裁平成13年1月17日判決）の理解は必須です。

　租税回避認定されれば、当該有利発行は妥当性を失います。ただし、両者の先例としての意義は現在、ひどく後退しています[37]。

37　本書は国際課税論点を意図的に回避している。当該事案は「オウブンシャホールディングス事件（最判平成18年1月24日判決）」「大手商社有利発行事件」「神鋼商事事

　相互タクシー事件は簡単には下記のような事案です。

　債務超過1億円の法人に対し1億円の出資をし（出資側は（借方）投資有価証券1億円が計上される）、その後、当該有価証券を備忘価額1円で関連会社に譲渡します。

　そうして1円－1億円の金額を投資有価証券売却損として損金計上しました（数値は仮値、事例は単純化しています。）。

　判決では増資払込金額のうち、寄附金該当部分は法人税法上の評価として払込みした金額に該当しないとされました。法人税法37条を適用して否認しています。

　寄附金は反射で受贈益課税も考慮の余地があり得ます。

　上記でいえば、増資により新株発行した法人に対する受贈益課税です。名古屋高裁判決文によると、「私法上（商法上）有効な増資払込であっても、法人税法上、それを寄附金と認定することが妥当である。同じ増資払込行為を受入側では増資払込と認定しながら、払込側で寄附金の支出と認めることは法人税法上は何ら異とするに足りない」としており、受入れ側で資本組入、払込み側で寄附金が発生することに矛盾はないと判示しています。

　現行法人税法においては金銭出資は全て資本等取引で処理され、損益取引が介入する余地は全くありません。

　岡村忠生教授は、下記の問題提起をしています[38]。

・第1は、株式に関する会社法制の変化。この事件は、寄附金となる境界として額面金額すなわち発行価額が利用されたが、もはやこれらは使うことができない。

　　今日であれば、払込金額（会社法199条1項2号）が1株100万円とされ、種類株式を利用して支配が継続したはず。

　件（東高平成22年12月15日判例集未登載）」「日産減資事件（最判所（平成27年9月24日決定））といった事案とパラレルに述べられることが通常であるが先述意図のため割愛した。これら事案については、太田洋、伊藤剛志『企業取引と税務否認の実務』（大蔵財務協会、2015年）を参照されたい。
38「別冊ジュリスト租税判例百選」（第4版）（有斐閣）p.117（最新版は第6版、下記第1～第3までは上記文献を引用（一部筆者改変）している）

・第2は、株主法人間取引に関する法人税法の変化。すなわち、2001年改正により法2編1章6款の新設や法24条の改正等が行われ、分割、合併、現物出資による資産の移転は原則として時価移転、適格組織再編成に該当する場合は簿価移転とされた。

　　この区別では、「贈与又は無償の供与」かどうかはの余地がない。これら諸規定もまた「別段の定め」である以上、法22条2項はもちろん、法37条に一方的に劣後すると解することはできない。

・第3は、法132条の主張にも現れている事案の特殊性の影響。本判決は、「対価」の有無を経済的合理性で判断し、「払い込んだ金額」を法人税法上の対価として否認した。

　　こうした経済的合理性に基づく判断や私法上有効な取引の実質による上書きは、行為計算否認そのものであり、法37条が一般的に認めているとみることはできない。

　　なお、法132条を、子会社貸付金それ自体が貸倒れ等により損金算入されるかを基準として適用した判決がある[39]。

　　この評釈に賛同する論者は筆者を含めて多いようです[40]。

　　その他、出向負担金、子会社のうちバックオフィス事業部門を分割型分割で移転し、外注費を獲得するという手法もあります。

39　当該判決はスリーエス事件（東京地裁平成12年11月30日、訟月48巻11号2785頁）を指している。

40　稲見誠一・佐藤信祐『組織再編における株主課税の実務Q&A』（中央経済社、2008年）該当箇所を参照のこと。筆者が要約すると「高額引受けの場合、当該払込金額は原則として有価証券の取得価額として処理する。しかし、法人税法第132条の要件に該当したときのみ、高額相当部分を寄附金課税（法法37）で否認すればよいとする考え方。同様の考え方は適格分社型分割、適格現物出資でも同様（ただし根拠条文は法法132の2）。後者については岡村教授の第2のご指摘に従うと、適格分社型分割等で高額引受けによる有価証券の取得がなされた場合、「移転資産の帳簿価額から移転負債の帳簿価額を減算した金額」（法令119①七）という法文から当該高額部分のみを寄附金抽出することが現実的に困難であると考えたため」とある。なお、組織再編成に係る否認を考察したものとして朝長英樹『組織再編成をめぐる包括否認と税務訴訟』（清文社、2014年）がある。

Ⅷ—3　商標権プランニングに係る　　　　エビデンス

> **Q** 商標権プランニングに係るエビデンスを教えてください。

> **A** 上記の裁判例での考え方が参考になります。現時点で本問のプランニングについて当局の指摘を受けた事例を筆者は知りませんが、過去の裁判例でも出現しているため、今後は指摘事項が表面化される可能性はあります。

【解　説】

　表題のプランニングは昔から定型化されています。個人事業主間、法人間、個人事業主と法人間どれでも実行することは可能です。

　例えば、普通法人、個人事業主の場合

・個人事業主は商標権取得します。

・法人へ使用許諾、いわゆるライセンス契約を締結します。

・法人は個人へ使用許諾料を支払います。

　この時の許諾料の目安は商品の販売総額×予定生産数×3％です。率は業界慣行です。

　要するに、収益付けさせたいほうに商標権を所有させればよい、ということになります。

　商標権の評価ですが、商標権登録の実費相当しか計上していない事例もあるようです。

　理論上は、財産評価基本通達では140項～145項の準用もしくは、弁理士に依頼し評価します。

　医療法人とMS法人間でなされることが多く、典型例として、

・医療法人のロゴ等々を商標登録します。

・当該使用許諾料（ライセンス契約に基づき）を同族のMS法人と締結

します。

・医療法人がMS法人に医業収入の約3％を支払います。

　各取引において契約書等がある、ライセンス料について通帳間を通す、商標権の評価は（ある程度）適正に行っていることは当然なされていると仮定します。当然それらは証拠になりますので保全が必要です。

　さて、上記の裁判例を確認します。

重要情報

〇寄附金／ノーハウの帰属とロイヤリティの支払における対価性の有無

　東京地方裁判所平成15年（行ウ）第553号法人税更正処分等取消請求事件（平成17年7月21日判決）TAINSコードＺ255－10086

（一部抜粋）

エ　商標の帰属との関係等について

a　商標の帰属との関係について

　被告は、営業の象徴となる標識とノウハウは、フランチャイズ・パッケージの両輪であって、同一の法人格に帰属するはずのものであるから、「Ａ」という商標を所有し、その使用についてフランチャイズフィーを受け取るべき原告が〔平成8年11月15日付け「商標権等使用許諾契約書」（甲126）〕、フランチャイジーとしてＤからノウハウを使用許諾され、Ｄにフランチャイズフィーを支払う〔平成7年3月1日付け「ノウハウ使用許諾契約書」（甲6の1、乙17）〕との構造は、フランチャイズ・システムとして本質的にあり得ないはずのものである旨（※下線筆者）主張する。

　しかしながら、原告とフランチャイズ各社間で昭和61年11月から昭和63年9月に締結された契約書（甲8の2ないし13）では、原告がフランチャイズ各社に対して原告の商標の使用を許諾する旨定められている一方、商標使用はロイヤリティの対象とされていなかったことや、原告の商標使用を許されながら実際にはこれを使用していないフランチャイズ各社も存したこと（※下線筆者）（証人乙）に照らすと、昭和63年

ころまでは、原告の商標にはブランドとしての価値が十分備わっていな
かったものと認められる。

　このように、Ａグループにおいては、ノウハウと商標の扱いを異にし
ていた経緯があるうえ、上記アのとおりのＤの活動実態に照らすと、「Ａ」
という商標が原告に帰属しているからといって、木造注文住宅の販売及
び施工に係るノウハウも当然に原告に帰属しているとまで認めることは
できないというべきである。

　したがって、被告の上記主張は理由がないといわざるを得ない。

　本件では上記の事実から被告（国）の主張は認められなかったものの、
「同一の法人格〜」という主張は、中小企業では拡大解釈が可能である
ように考えられます。そもそもこの事案は上記までのようにさまざまな
利益移転手段を用いていますが、それが実態がある、経済的合理性もあ
る、という点で納税者が勝訴しています。実態があっても、すなわち実
態とそれに即したエビデンスがあっても、経済的合理性がなければ納税
者の主張は極めて認められにくいと考えられます。

［著者紹介］

伊藤　俊一 (いとう・しゅんいち)

　伊藤俊一税理士事務所代表。

　愛知県生まれ。税理士。愛知県立旭丘高校卒業、慶應義塾大学文学部入学、一橋大学大学院国際企業戦略研究科経営法務専攻修士、同博士課程満期退学。

　都内コンサルティング会社にて某メガバンクの本店案件に係る事業再生、事業承継、資本政策、相続税等のあらゆる税分野の経験と実績を有する。

　現在は、事業承継・少数株主からの株式集約（中小企業の資本政策）・相続税・地主様の土地有効活用コンサルティングについて累積数百件のスキーム立案実行、税理士・公認会計士・弁護士・司法書士等からの相談業務、会計事務所、税理士法人の顧問業務、租税法鑑定意見書作成等々を主力業務としている。

　主な著書に『新版 Q&A 非上場株式の評価と戦略的活用手法のすべて』『新版 Q&A みなし贈与のすべて』（共に、ロギカ書房）ほか、月刊「税理」にも多数寄稿。

　なお、税務に関する質問・相談を随時受け付けています。下記からアクセスし、お寄せください。

税務質問会　　　　　　節税タックスプランニング研究会

税務署を納得させるエビデンス
—決定的証拠の集め方— 2 法人編

令和5年1月15日　第1刷発行
令和6年3月25日　第6刷発行

著　者　伊藤　俊一
　　　　　　いとう　しゅんいち

発　行　株式会社 ぎょうせい

〒136-8575　東京都江東区新木場1-18-11
URL：https://gyosei.jp

フリーコール　0120-953-431

ぎょうせい　お問い合わせ　検索　https://gyosei.jp/inquiry/

〈検印省略〉

印刷　ぎょうせいデジタル㈱

©2023　Printed in Japan

※乱丁・落丁本はお取り替えいたします
ISBN978-4-324-11218-2
(3100556-01-002)
〔略号：税務エビデンス2法人〕